Budismo Zen japonés para principiantes.

Una breve introducción a las dos escuelas budistas más importantes de Japón.

Daisuke Tanaka

Copyright 2021 Daisuke Tanaka - Todos los derechos reservados

Antes de continuar con la lectura de este volumen, el autor y el editor le piden expresamente que lea y comprenda las notas legales que siguen para aclarar algunos aspectos clave de la relación entre las partes.

Nota legal:

Este libro está sujeto a estrictas limitaciones de derechos de autor, y su lectura es estrictamente para uso y consumo personal. También se reitera que está estrictamente prohibido modificar o utilizar cualquiera de las secciones que componen el libro, ya sea de forma gratuita o con fines de lucro; también está prohibido utilizar, citar o parafrasear una o más partes o secciones del libro o su contenido sin el consentimiento escrito y firmado del autor y/o del editor.

Nota sobre las renuncias del autor y del editor a la ley:

El autor y el editor de este volumen afirman y reafirman que toda la información contenida en esta obra, ya sea tomada individualmente o en su totalidad, puede tener un propósito instructivo o recreativo, dependiendo de la sensibilidad de cada lector o lectora.

Al recordar a todos los lectores que no se confirma explícita o implícitamente ninguna garantía, el autor y el editor de este volumen afirman y reiteran que toda la información contenida en esta obra, derivada de una lectura crítica de diversas fuentes, tiene el más alto grado de exactitud, fiabilidad, actualización y exhaustividad en cuanto a su capacidad de investigación, síntesis y procesamiento.

Los lectores deben ser informados de que el autor no tiene ninguna obligación de dar ninguna ayuda o consejo legal, financiero, médico o profesional. Les aconseja encarecidamente que busquen la orientación de un experto antes de intentar cualquier enfoque o acción descrita en este libro, de acuerdo con la legislación vigente.

Al leer esta nota introductoria, cada lector acepta, explícita o implícitamente, que el autor y/o el editor de este libro no serán responsables de ninguna pérdida, directa o indirecta, resultante del uso de la información contenida en este libro, incluidos, entre otros, los errores, las omisiones o las inexactitudes.

Índice

Primera parte:

La Escuela del Zen Rinzai.

Segunda parte:

La Escuela de Soto Zen.

Primera parte:

La Escuela del Zen Rinzai.

Introducción.

Durante casi dos décadas, he sido un miembro activo de la comunidad budista. Mi conversión al budismo fue gradual, empezando por la investigación escolar y una devoción de toda la vida a la madurez. Me interesé por el budismo después de hacer una investigación preliminar, pero siempre estuve ansioso por aprender más. Las distinciones entre las distintas ramas del budismo son fascinantes, y las prácticas que se han extendido de China a Japón tienen su propio misterio.

Se mire por donde se mire, la historia del budismo es enrevesada. A lo largo de cientos de años, la mezcla de tantos países ha dado lugar a uno de los conjuntos de ideas más diversos e intrigantes que jamás se hayan escrito. La escuela budista Rinzai es sólo una perspectiva de la vida de Buda, de sus enseñanzas y de cómo éstas pueden ayudarnos a vivir mejor en la actualidad. Buda es una figura venerada en muchas culturas, aunque sigue siendo esquivo para muchos occidentales. A diferencia de los profetas y las personas prominentes de las religiones occidentales, Buda desempeña una función muy distinta en el budismo. No es tan evidente cómo llegó a definir la práctica y su propósito en el mundo como en otras religiones mundiales. Sus creencias son escasas y sus lecciones son más limitadas que las de otras religiones.

Este libro pretende enseñar a los lectores la historia temprana del budismo, incluyendo sus raíces y su camino desde China, la vida de Buda y los beneficios de la meditación kensho.

Este libro satisfará todas sus necesidades si está investigando el budismo, está interesado en aprender a meditar o simplemente quiere aprender más sobre el tema. Te guiaré a través de la información más importante y te explicaré el Rinzai desde una perspectiva occidental. Este libro está escrito exclusivamente para los recién llegados al budismo, y te llevará de la mano mientras aprendes sobre las interesantes enseñanzas de Buda y de la Escuela Rinzai.

Las prácticas budistas seguirán siendo esquivas si no te instruyes en el budismo, especialmente en la escuela Rinzai. Los hechos y la historia del budismo son vastos; es un pasado lleno de lugares, nombres y fechas. Sin una guía dispuesta a interpretar la relevancia de la historia budista, es difícil comprender el panorama general. Hablaré de cómo ha afectado a Japón y al sistema socioeconómico que le dio origen.

Continúe leyendo para aprender más sobre el fascinante universo del budismo. Alcanzará un nivel de conocimiento budista difícil de obtener en una colección de escritos. Este libro será su ventanilla única para todo lo que necesita saber sobre la escuela Rinzai, así que deje a un lado sus otros materiales de investigación y comience a leer ahora mismo.

Daisuke Tanaka

Capítulo 1:

El Mundo de Buda es un lugar fascinante.

1.1 ¿Por qué el misticismo?

El misticismo se asocia comúnmente con la unión con Dios o el Absoluto. Sin embargo, también puede aplicarse a cualquier forma de éxtasis o estado alterado de conciencia con una connotación religiosa o espiritual. También puede referirse a la obtención de una visión de las verdades últimas u ocultas y a la transformación personal con la ayuda de una serie de prácticas y experiencias.

El término "misticismo" tiene su origen en la antigua Grecia y tiene diversas interpretaciones históricas. El misticismo se refiere a los componentes bíblicos, litúrgicos, espirituales y contemplativos del cristianismo primitivo y medieval y deriva de la palabra griega m, que significa "cerrar" u "ocultar". El término "misticismo" llegó a englobar una amplia gama de creencias e ideologías asociadas a "experiencias y estados mentales extraordinarios" durante el período moderno temprano.

En los tiempos modernos, el "misticismo" ha llegado a denotar la búsqueda de la "conexión con el Absoluto, el Infinito o Dios", que tiene una definición amplia. Esta definición estrecha se ha utilizado en varias tradiciones y prácticas religiosas, destacando la importancia de la "experiencia mística" en el misticismo. Desde las religiones indígenas y populares, como el chamanismo, hasta las religiones organizadas, como los credos abrahámicos y las creencias indias, y la espiritualidad moderna, la Nueva Era y los Nuevos Movimientos Religiosos, el misticismo puede encontrarse en todas las tradiciones religiosas.

En el estudio científico de las "experiencias místicas", los científicos han argumentado las ventajas de los enfoques perenne y construccionista desde la década de 1960. Los estudiosos han "descartado en general" la posición perenne, y la mayoría adopta una perspectiva contextualista que tiene en cuenta el trasfondo cultural e histórico.

Lo mejor es empezar por el principio, que en este caso es China y la región de Bután. Vamos a echar un vistazo histórico al universo de Buda y a las naciones a las que dio forma, concretamente a través de un examen detallado de las convenciones culturales. Para muchos occidentales, el budismo tiene una mística; ideas extranjeras que tienen una resonancia única, en parte porque son muy diferentes. No quiero disminuir esta sensación de asombro, y ese no es mi objetivo. Sin embargo, para comprender adecuadamente cómo el budismo se expandió tan rápidamente de China a Japón, hay que examinarlo objetivamente. Hay que considerar las sociedades de la época y cómo los conceptos preexistentes evolucionaron hacia los ideales budistas. La vida de

Buda es fascinante, y se puede aprender mucho de sus enseñanzas, pero este libro examinará tanto las fuentes históricas como las famosas leyendas de Buda para ofrecer una perspectiva completa. Hay que tener en cuenta que las instituciones que sustentan la fe eliminan automáticamente un sentido de misticismo al seguir el traslado del budismo de China a Japón. No dejes que esto reste valor a la mística del budismo y la meditación; las instituciones nunca han sido capaces de definir con precisión la mística de ninguna fe; depende totalmente del individuo.

1.2 Estructura social en Bután.

El budismo es un conjunto de conceptos que controlaron las comunidades butanesas durante el primer milenio. Durante siglos, las creencias que contribuyeron al establecimiento del budismo existieron en lo que hoy es China, India y Myanmar. El viaje desde estas ideas hasta el budismo actual fue largo y tortuoso, lleno de eruditos dispuestos a arriesgarse a realizar peligrosos viajes desde sus países de origen, gobernantes empeñados en mantener el orden social y un joven que encontraría la iluminación en una época en la que muchas personas pasaban toda su vida buscándola.

En toda la región de Bután, la estructura social en la época de Buda y poco antes de su nacimiento era sustancialmente la misma. Japón atravesaba entonces un periodo de feudalismo. Mediante la adaptación del budismo, la cultura japonesa adoptaría posteriormente muchos de los programas sociales de la región de Bután. La influencia de los puntos de vista de esta región estaba tan extendida que es fácil olvidar que el budismo y El Buda estaban casi probablemente afectados por la opinión popular de la época. Una de las más importantes de estas políticas era que cada uno tiene un trabajo específico que desempeñar en la comunidad. Desde los líderes brahmanes hasta el más humilde de los campesinos, todos los que trabajaban en una comunidad desempeñaban un papel crucial para mantener viva la sociedad. Para entender el contrato social hay que comprender cómo interactúan las diferentes clases. A diferencia del feudalismo y del decadente Imperio Romano en Occidente, los gobernantes mostraban un mayor respeto por las clases más pobres. Esto no siempre se respetaba, pero es evidente que la clase dirigente trataba a los empobrecidos con dignidad en su mayor parte. Los levantamientos contra los terratenientes son poco comunes en esta región, y esto se debe principalmente a cómo la clase alta trataba a los pobres.

Los ricos no consideraban a los pobres como iguales, y su motivación para tratar a los demás era radicalmente distinta. Creían que su vida llegaría a su fin y que se reencarnarían en algún momento. Se les recompensaba por las buenas acciones y se les castigaba por las malas. Según sus actividades actuales, tanto los ricos como los empobrecidos tenían una vida que esperar o temer. Si comparamos esto con

Occidente, nos daremos cuenta de que los ricos y la élite tienen unas perspectivas drásticamente diferentes. Todos estos pueblos, incluidos los bizantinos, los romanos y otros que utilizaron la religión para hacer avanzar las ideas y la estabilidad social, se apoyaban en instituciones que tenían las claves de la religión. La religión podía retorcerse y transformarse para adaptarse a las necesidades de la clase dirigente. Este no era el caso de un pacto social que carecía de pensamiento organizado: no podía ser distorsionado a través de la subjetividad humana.

La caída de las élites que persiguen los rituales religiosos en Occidente se debe a la perversión de los principios religiosos para apoyar un marco social. El gobierno podía atacar a las religiones occidentales y a sus instituciones en su territorio por diversas razones, entre ellas las "indulgencias" y la alteración del significado del matrimonio. Como resultado, los conocedores comenzaron a alejarse de la religión. Una vez que un contrato comunal universal se ha convertido en una serie de historias que sólo pueden perpetuar el statu quo. Cuando se considera esto, es fácil ver por qué Buda nació en una zona donde los ricos trataban a los pobres con respeto. Las élites seguían aterrorizadas por el más allá y por lo que sus actos en la Tierra les harían al morir. Como las instituciones deformadas habían ahogado la religión, las élites de Occidente trataban a los pobres con menos respeto, se distanciaban más y acentuaban las distinciones en su honor y responsabilidad. En comparación con la región de Bután, esto dio lugar a más revueltas durante la época feudal en Occidente, pero también abrió la puerta a una escuela de pensamiento que se extendió por toda la región. Como sus valores no emanaban de las instituciones, había un entendimiento entre la gente de la región de Bután. Sus ideas estaban influidas por la sociedad en la que vivían. Cualquier hombre no podía controlar su deber, su honor y la posibilidad de la reencarnación, y las nociones estaban más arraigadas y eran más poderosas de lo que podían ser en Occidente, ya que no había un ejecutor de las ideas.

Esto es importante a la hora de considerar a Buda porque explica cómo sus ideas se extendieron tan rápidamente por la región. No eran verdaderamente "nuevas" porque simplemente eran una continuación del folclore y las normas de la sociedad de la época. Sus lecciones y su sabiduría eran apropiadas para el mundo en el que vivía. Esto es especialmente cierto cuando el budismo se extendió hacia el este, hacia Japón. Fue escrito durante un período de feudalismo japonés, pero las estructuras sociales también influyeron en él. Se aplicaba de forma muy sencilla a la práctica budista. Se ha especulado sobre cómo el budismo y las creencias orientales podrían haberse extendido hacia el oeste a mediados del siglo XIX si las condiciones hubieran sido ligeramente diferentes (más comercio, mejor entendimiento lingüístico y castigos religiosos menos severos), pero esto ignora la profunda división cultural entre las culturas que crearon el budismo y las culturas que crearon las instituciones religiosas. Creo que sería difícil que los ideales budistas llegaran a Occidente y fueran adoptados simplemente porque la sociedad ya desconfiaba de la religión. Esto no era cierto para las clases bajas; estaban dispuestas a creer, pero las clases altas nunca se rendirían a las ideas de un poder extranjero, ya que requerirían apoyo institucional.

1.3 Reencarnación y ascetismo: dos aspectos del taoísmo.

Muchos de los principios que llegaron a asociarse con el budismo se derivaron del taoísmo. Aunque el taoísmo no se practicaba explícitamente en todas las partes de Bután, sus ideales habían dejado una influencia indeleble en la sociedad. La interacción entre el taoísmo y la reencarnación, dos ideas fusionadas por la mezcla de pueblos en este rincón del mundo, mantuvo el orden social. Son compatibles entre sí y colaboran para establecer un orden social estable y duradero.

El taoísmo se basa en la sencilla premisa de que el mal está en la base de la humanidad. Es fascinante ver cómo esto se relaciona con la reencarnación. Si aceptamos que las personas son intrínsecamente malas, podemos ver que la pena por ser malvado es descender en el tótem de la vida. Un campesino que comete un crimen horrible y es asesinado, por ejemplo, resucitará, pero no como un humano, sino como alguien de una clase inferior. Esta transformación de humano a animal tiene sus raíces en el taoísmo; la raíz de la humanidad es tan mala que se elimina de la tierra y renace como animal. Establece la noción de que la condición original de los humanos es mala y que, para reencarnarse en una persona superior, hay que realizar buenas acciones durante la vida. Estas buenas acciones solían juzgarse en función de lo bien que alguien se desempeñaba en su lugar en la sociedad: ¿hizo un excelente trabajo como agricultor, comerciante o mercader? Se trata de una normativa que podría aplicarse a todo el mundo, desde el nivel social más bajo hasta el más alto, y tendría el mismo efecto en todos. Si un enmarcador tiene éxito y renace como un rico comerciante, no ha llegado al final de su viaje porque el objetivo final de la reencarnación es no reencarnarse nunca.

El objetivo final es morir y no volver nunca a la Tierra. Debido al concepto de reencarnación, incluso las personas más influyentes del mundo se verían motivadas a hacer cosas buenas y a cumplir con sus deberes con integridad y dignidad.

Este sistema social pudo sobrevivir durante cientos de años debido a la falta de instituciones que prevalecían en Occidente. Un pacto social, un sentido intrínseco de la inmoralidad humana, y el potencial de un viaje que concluía en la iluminación y el fin de la reencarnación fueron todos factores. Este es el mundo en el que surgió Buda. Nació en una época en la que muchas de estas creencias circulaban libremente por la sociedad. Sus nociones sobre la iluminación, la reencarnación y las posiciones sociales no se derivaron de sus propios pensamientos, sino de una base en el taoísmo.

El viaje del budismo de China a Japón adoptó muchos de los mismos supuestos culturales, pero los codificó de manera específica. Los koans y los escritos budistas incluían preguntas y reflexiones sobre el significado del trabajo, el lugar de uno en la sociedad y el propósito de la organización en su conjunto. Estas preguntas y textos fueron cruciales en el desarrollo del budismo, y reflejan la época y la región en la que fueron escritos. Estas lecturas y teorías podían aplicarse a la sociedad japonesa, y los estudiosos que viajaban de Japón a China descubrieron que los principios budistas eran "universales". En realidad, aprendían que las estructuras sociales de China y Japón en el siglo XI no eran tan diferentes. Esto hizo posible que las ideas sobre la sociedad se transportaran fácilmente de un país a otro.

El ascetismo, una práctica común en la región, también estaba influenciado por el taoísmo. El ascetismo es la práctica de abstenerse tanto del placer como del dolor. Es lo mismo que mirar la vida de forma pasiva; al descuidar los elementos de la vida que aportan experiencias emocionales humanas, uno se vuelve más espiritual al abandonar su cuerpo físico. Esta era una práctica muy extendida en la época de Buda. Hoy en día, sigue siendo un elemento importante de la cultura de la India oriental. El ascetismo tuvo un profundo efecto en Buda, que lo practicó religiosamente durante muchos años. La influencia del taoísmo en esta práctica es más difícil de precisar, pero se ha investigado lo suficiente como para estar seguro de que ambas están inextricablemente unidas. La idea central del dolor humano en el taoísmo está diseñada para incluir todo el espíritu. Se aplica más específicamente al cuerpo humano en el ascetismo. Todo el cuerpo es una mancha contaminada en la tierra, y el espíritu es el único componente verdadero de la existencia. Para separar el espíritu del cuerpo, hay que estar dispuesto a negar al cuerpo cualquier alimento o sensación. Los ascetas solían salir a la calle para mendigar la comida suficiente para sobrevivir. Era un hábito popular entre los más pobres, y les servía como método para parecer más espirituales. Muchas publicaciones de la India Oriental debaten si la mayoría de los ascetas eligieron su estilo de vida o simplemente lo acomodaron a sus circunstancias sociales. Sin duda, fue decisión de Buda asumir el papel de asceta. Hay que tener en cuenta el papel del ascetismo y su relevancia cuando se estudie a fondo la vida de Buda en el próximo capítulo. Es un método para castigar el cuerpo con el fin de liberar el espíritu. Considera cómo aprovechó Buda la experiencia y si fue eficaz. Mucha gente cree que la austeridad fue una fase vital en la iluminación de Buda. Ésta es una de las razones por las que la práctica sigue vigente hoy en día.

Capítulo 2:

La vida de Buda.

Buda es una figura destacada en la escuela budista Rinzai, ya que es el maestro de la iluminación y el primero en descubrir el "camino medio" en la vida. A continuación se presenta una sinopsis de su vida, sus actos y por qué es el emblema budista actual. Hay varias interpretaciones de su vida y registros históricos de lo que ocurrió y lo que no ocurrió. Este es un relato que combina la exactitud histórica con la columna vertebral de la versión de la tradición Rinzai.

2.1 El Buda.

El Buda nació como Siddhartha Gautama y vivió una vida real convencional hasta los veintinueve años. Era hijo del monarca de la provincia situada en la frontera oriental de la India en aquella época. Se afirma que vivió una vida de lujo, sin ver nada malo hasta que salió de su escondite. Se mantuvo a salvo dentro de los muros del palacio, se le dio todo lo que necesitaba y estuvo completamente bajo la autoridad de su padre. Se vio obligado a casarse con su prima y dio a luz a un niño cuando sólo tenía dieciséis años. Tenía tres palacios que rotaba durante las estaciones, ubicándolos siempre donde el clima era más agradable. Nunca había conocido el mal, el dolor, ni siquiera la incomodidad. Según los relatos, comprendía que la prosperidad mundana no era el objetivo de su vida y que nunca estaba completamente satisfecho en los días previos a su muerte. Siempre buscaba más, pero no podía encontrarlo dentro de los confines del lugar. Como desconocía el mundo exterior, no veía ninguna razón para salir de su palacio.

Partió a los veintinueve años con la ayuda de uno de sus empleados. Observó a los débiles, los empobrecidos y los ancianos fuera de su palacio. Nunca había sido testigo de cómo el tiempo pasaba factura a la gente porque había vivido en una burbuja toda su vida. Su padre había envejecido, pero no de la misma manera que los empobrecidos. El Buda estaba profundamente deprimido como resultado de su visión del mundo. Se dice que vio a tres hombres en un viaje posterior. El primero estaba enfermo y débil, el segundo era un cuerpo putrefacto olvidado hace tiempo, y el tercero era acético. Durante este tiempo, realizó más viajes de ida y vuelta al palacio, y su tristeza le llevó a abrazar un estilo de vida ascético. Como se describe detalladamente en el primer capítulo, un asceta vive tomando lo menos posible, casi muriéndose de hambre, y sin poseer ninguna riqueza material. Esto les acerca un poco más a la consecución de la iluminación.

Cuando el Buda decidió convertirse en acético para siempre, fue rápidamente apresado. Evidentemente, el indigente que mendigaba a un lado del camino era el hijo del rey. Cuando lo llevaron al lugar, huyó rápidamente y recorrió una distancia mayor para evitar ser encontrado. Aprendió a meditar con dos de los más grandes maestros de la época. Cuando el Buda le hubo enseñado todo lo que sabía, quiso que el Buda se hiciera cargo de su trabajo y enseñara a otros. El Buda se negó y volvió a sus estudios de meditación. Conoció a su segundo maestro, otro conocido maestro de acética y meditación. El segundo instructor estaba igualmente asombrado e instó a El Buda a que asumiera su papel de maestro y transmitiera sus conocimientos a los demás. El Buda se negó una vez más.

El Buda viajó por la zona con cinco compañeros que encontró en el camino. Estos puñados estarían entre sus primeros seguidores, pero sus primeros viajes fueron peligrosos y llenos de fracasos. Cuando Buda vio los horrores del mundo y a los pobres y débiles a los que había despreciado durante tanto tiempo, se deprimió aún más y adoptó la forma más extrema de ascetismo. No comía más que una nuez y una hoja al día. Durante meses vagó, meditando y viviendo su existencia ascética. Sus cinco compañeros eran igualmente devotos y compartían una visión similar del mundo y de cómo podían ayudar a mejorarlo.

El Buda se desplomó un día mientras caminaba, en el punto álgido de su dolor. Le despertó el sonido del agua que brotaba y el suave toque de una niña que sostenía su débil cuerpo. Ella le alimentó con leche dulce y grasa y se quedó con él hasta que recuperó la salud. Sus compañeros le siguieron la pista y continuaron su camino, dejando atrás a la niña.

Poco después, el Buda optó por dejar de viajar y permanecer en un lugar para alcanzar la iluminación. ¿Por qué debería viajar cuando la iluminación proviene del intelecto, no del mundo?

Se sentó a la sombra de un árbol Bodhi y comenzó a meditar. Sus cinco compañeros interpretaron esto como una señal de que se estaba rindiendo. Le abandonaron porque pensaron que había perdido su camino bajo el árbol Bodhi. Durante cuarenta y nueve días, el Buda meditó allí y alcanzó la iluminación definitiva. Reconoció que la vida de un asceta no era el camino de la verdad, pero también reconoció que su vida en el palacio no era el camino de la verdad. Descubrió un camino intermedio, caracterizado por una vida desprovista de placeres. Uno tomaba, pero no en exceso. Quiso compartir este mensaje, así como su nueva sabiduría, con el resto del mundo. Buscó a sus compañeros y les informó de los acontecimientos que habían ocurrido bajo el árbol Bodhi. Fundaron un grupo que difundió la información sobre la iluminación por toda la región.

El Buda pasó el resto de sus días educando a otros, viajando de pueblo en pueblo y predicando sobre los beneficios de su recién descubierto camino. Inmediatamente ganó adeptos, y muchas personas se convirtieron como resultado de sus lecciones. Durante la estación de los monzones, el Buda se quedaba en un lugar durante tres meses cada año. Otros acudían a escuchar a Buda y a aprender sus lecciones. Ni siquiera la temporada de mal tiempo podía alejar a los demás debido a su influencia.

Volvió a casa de su padre casi al final de su vida, cumpliendo una petición que le hizo muchas veces a lo largo de los años. Cuando el padre vio a su hijo, vio en qué se había convertido. Le dijo al Buda que sus antepasados eran guerreros y que los estaba deshonrando. En respuesta, el Buda afirmó que su sangre no es la misma que la del guerrero y que él es de una especie diferente. El Buda es eterno y su linaje existe desde el principio de los tiempos. El Buda abandonó a su padre y siguió el camino del medio en la vida.

Capítulo 3:

De los estudios chinos a los japoneses: mucho que aprender.

La escuela de Linji es una escuela privada en Linji, China. Tras la muerte de Buda, y a medida que sus seguidores predicaban sus enseñanzas en la región de Bután, se crearon varias escuelas para continuar su mensaje. La escuela budista Rinzai es el equivalente japonés de la escuela Linji de China. Este subconjunto de la gran escuela budista Chan se fundó justo antes del primer milenio. La mayoría de las prácticas budistas predominantes se remontan a la escuela Chan. El budismo Chan dio origen a los monasterios y su arquitectura, a las túnicas de los monjes y a la profunda autointrospección que seguía la vida budista. La dinastía Song empleó la Escuela Linji para transferir su poder sobre la región norte de China, lo que la hace única.

Entre los siglos X y XI, la escuela chan del budismo fue testigo de muchas divisiones, a pesar de abrazar muchas de las prácticas básicas del budismo actual. Estas divisiones surgieron cuando los eruditos se separaron de las organizaciones organizadas del budismo chan y establecieron sus propias escuelas. Como resultado, surgieron diferentes versiones de la historia de Buda. La visión del budismo de un erudito extranjero cambiaba según el lugar de China en el que se estableciera.

En Japón, los practicantes del Soto Zen siguieron el enfoque y los textos de la Escuela Chan principal. En lugar de asociarse con el Rinzai Zen, el gran Myoan Eisai se asoció con la Escuela Linji. La Escuela Linji adoptó muchas de las prácticas de la Escuela Chan, pero fue una fuerza política mucho más poderosa. La escuela se asoció fuertemente con la dinastía Song, y la clase dirigente leía los libros.

Gracias a ello, la Escuela Linji ganó peso en esta provincia del norte de China. Los principios se practicaban y se seguían, y se incrustaron en el marco social de las comunidades. Antes de los primeros registros de la dinastía Song, no se sabe nada de la Escuela Linji.

Aunque la afirmación de que se originaron a partir de la escuela Chan es en gran medida especulativa, no hay otra forma de que los seguidores de Buda pudieran haber vivido lo suficiente como para establecer la escuela Linji en una región completamente distinta. Sencillamente, no es posible; de ahí que siempre se haya asociado el Chan con la escuela Linji. Los Linji practicaron la meditación objetual entre los siglos XI y XIII, lo que difiere de las demás disciplinas en un sentido importante. En esta época, las ideas budistas de los Linji llegaron a Japón, y los discípulos del Zen Rinzai probablemente modificaron la práctica. El uso de Koans, o preguntas sobre la vida y el propósito, es una herramienta importante en el Zen Rinzai y se cree que se originó con la Escuela Linji.

3.1 El primer shogún, el samurái, el arroz y el shogún son personajes de la historia.

Las enseñanzas linji hicieron su primera aparición en Japón en el extremo oriental de la isla central del país. Tras su viaje a China, el monje Myoan Eisai desembarcó aquí. Pasó veinte años estudiando Tendai antes de realizar dos viajes a China.

Más adelante, regresó a Japón para fundar la escuela Rinzai. En Japón, sus primeros seguidores eran devotos académicos. Antes de embarcarse en su viaje a China, Myoan era muy apreciado en su ciudad. Aunque la distancia entre los dos países era considerable en aquella época, no era raro que los intelectuales hicieran este tipo de excursiones. Es fascinante conocer el impacto de la Escuela Linji en Myoan y cómo fue llevada a Japón. Se dice que el crecimiento de la clase guerrera y su obsesión por el Rinzai impulsó la popularidad de la fe.

Los samuráis son bien conocidos en Japón, pero es esencial comprender su papel específico en la difusión del budismo. Eran soldados honorables que se esforzaban por librar al mundo del mal y estaban bien entrenados en el uso de la violencia. Daban mucha importancia a la educación, el entrenamiento y el trabajo duro. La vida de un guerrero samurái típico consistía en alistarse en la milicia de una pequeña granja de base feudal. A cambio de alojamiento y comida, protegerían las tierras. Es posible que los samuráis existentes en Kamakura se vieran sorprendidos por las prácticas de Myoan. Respetaban la educación en lenguas extranjeras y la formación que podían aportar años de estudio. Esto es significativo porque es el camino que hizo que el budismo Rinzai se extendiera por todo Japón durante los dos siglos siguientes. Aseguró la difusión del budismo mucho más allá de la ciudad a la que regresó Myoan, al impactar a una clase importante como la de los samuráis con las sutilezas del budismo. Los samuráis enseñaban habilidades y lecciones a otros que no vivían en la misma ciudad o región que ellos. Probablemente difundieron parte del mensaje del budismo Rinzai mientras viajaban o buscaban trabajo. Tenían una buena educación y podían comprender los textos que se les entregaban. Esto sirvió de impulso adicional para la difusión del Rinzai por todo Japón.

También cabe destacar el papel del arroz en la transmisión de ideas a través de Japón. Esto sólo es aplicable al Japón feudal antes del establecimiento del Shogun. El Shogun desempeñó un papel importante en la propagación de la Escuela Rinzai, y el Rinzai era la doctrina más generalmente aceptada en Japón durante su reinado. Sin embargo, el arroz desempeñó un papel importante antes de que llegaran al poder. Durante el Japón feudal, el arroz era la moneda oficial. No había ninguna norma establecida que diera lugar a una moneda ampliamente aprobada. La inflación y el arroz jugaron un papel en la creación de la moneda en Japón. El arroz se volvió difícil de mover cuando el valor de la cosecha disminuyó debido a que más agricultores transportaron el arroz para comprar productos. En su lugar, se necesitó algún tipo de moneda para sustituir los grandes sacos de granos que se transportaban por la isla. Kamakura es un importante centro comercial en Japón, y muchos comerciantes estaban obligados a pasar por allí. Uno de los principales impulsores del budismo Rinzai a través de la mitad sur del país es el transporte de arroz a través de Kamakura. Sin duda, esto no contribuyó a la difusión general de Rinzai, sino que actuó como suavizador de los conceptos que acabarían migrando. Los agricultores del sur de Japón estaban familiarizados con el funcionamiento de Rinzai y sus costumbres después de haber sido testigos de la actividad durante numerosos años mientras transportaban arroz para otros artículos.

La escuela Rinzai fue establecida como un aspecto importante de la cultura japonesa por el

Shogun. El Rinzai comenzó a sufrir importantes transformaciones en esta época. Los aspectos chinos del budismo Chan y de la escuela Linji fueron abolidos abruptamente. Las ideas en sí mismas no se cambiaron, pero los términos escritos en caracteres chinos recibieron nuevos sonidos para hacerlos sonar más japoneses. Shuho Myocho y Muso Soseki se convirtieron en dos de los practicantes más influyentes de la Escuela Rinzai entre los siglos XIV y XVI.

Curiosamente, ninguno de estos maestros Zen japoneses fue a estudiar a China. La Escuela Rinzai comenzó a tomar una apariencia mucho más japonesa en parte como resultado de esto. Este es también el comienzo de la difusión de la identidad japonesa, que sirvió de precursor del movimiento nacionalista que arrasaría el país durante casi 150 años. Durante este periodo, la Escuela Rinzai se institucionalizó cada vez más bajo el gobierno del Shogun, que nombró a los monjes como guardianes del conocimiento.

3.2 El sistema de las cinco montañas.

El sistema de las cinco montañas, originado en la India, determina cómo se construyen los templos budistas y dónde se colocan. Debido a la falta de recursos, los templos se construían sólo en lugares del país que fueran históricamente significativos y bellos. Esto obligaba a construir templos fuera de las grandes ciudades y en las crestas de las montañas o en las cimas de las colinas. Japón introdujo el sistema de cinco montañas durante la época del Shogun, en el siglo XIV. Fuera de Kioto y Kamakura se construyeron predominantemente templos. El número de templos construidos fuera de cada ciudad importante se registra como cinco. El Estado, en este caso la clase dirigente Shogun, los jerarquizó y los vigiló de cerca.

Esto marca el inicio real de la institucionalización de Rinzai, así como el comienzo del colapso de la fe. Esto contrasta con la aversión del Shogun a la Escuela Soto de Budismo de la época. No tenían un poder central de gobierno como forasteros. Por ello, se expandieron de forma más natural por todo Japón. El sistema de las cinco montañas fue un punto de disputa entre las ciudades y los monjes que dirigían cada monasterio y templo. Con las instituciones llega la corrupción y la autoridad de una sola voz; se ve que el sistema de las cinco montañas era un punto de contención, tanto entre las ciudades como entre los monjes que dirigían cada monasterio y templo. A los templos se les asignaba un nivel de importancia en función del estado, lo que creaba una sensación de competitividad entre los monjes gobernantes del templo. Además, se considera que esos monjes ocupan cargos políticos más que religiosos. Aunque algunos monjes estaban informados sobre el método Rinzai, está claro que muchos otros no lo estaban.

El Rinzai fuertemente institucionalizado no disuadió a los adeptos de las zonas más rurales de erigir más templos abiertos mientras la autoridad del Shogun persistía en el siglo XV. Se trataba de un lugar en el que cualquiera podía practicar Rinzai. Tenían la opción de leer los libros establecidos o meditar. También podían hacer preguntas específicas sobre el budismo a los monjes que lo controlaban, al igual que en los templos modernos. Esto permitió que el Zen Rinzai creciera de forma natural en varias partes de Japón, y es sin duda un factor importante en la viabilidad de la práctica a largo plazo. Las instrucciones perjudicaron al Rinzai, pero su movimiento natural en el campo impidió que desapareciera por completo.

54

Capítulo 4:

Rinzai en la era moderna: Opresión y adaptación.

4.1 Una cuestión crucial.

¿Por qué las divisiones en el budismo son tan diferentes a los cambios que se produjeron en el cristianismo? Comenzamos a ver las definiciones genuinas de la escuela budista Rinzai a medida que avanzamos en la era actual. El uso de Koans mientras se medita ha sido siempre la principal diferencia entre Rinzai y Soto.

Otras variaciones surgieron durante el ascenso del Shogun al poder, en particular el sistema de cinco montañas de la escuela Rinzai. Aun así, si se comparan con los cambios que se han producido en el cristianismo, estas distinciones son insignificantes.

Al considerar la presencia firmemente establecida de Rinzai en la cultura japonesa moderna y en todo el mundo, hay que tener en cuenta que pequeñas variaciones en la interpretación han determinado en gran medida la práctica de Rinzai.

Hay poco que la distinga de la Escuela Linji de China, y la mayoría de los desarrollos significativos de Rinzai se produjeron durante el reinado del Shogun. Cualquiera que haya estudiado el cristianismo en cualquier momento no debería sorprenderse por esto. La construcción de las instituciones, sus leyes y su poder condujeron a importantes cambios en la reforma religiosa. Después del Shogunato, el Rinzai pudo recuperarse. Sin embargo, fue en este periodo cuando se formaron otras dos sectas budistas en Japón.

La genealogía del cristianismo es considerablemente más fácil de trazar que las variaciones del budismo. Las interpretaciones de Rinzai fluyeron libremente y no se enfrentaron a una oposición considerable porque ninguna institución estableció normas específicas sobre la práctica. Cualquier forma de levantamiento señalará una clara ruptura en la genealogía de esa religión cuando una institución adopte una idea y la convierta en una manera establecida de hacer. Así es como terminan los luteranos y la Iglesia de Inglaterra.

Ambos surgieron como resultado de claros desacuerdos entre instituciones sobre una misma práctica religiosa. Esto sólo ocurrió una vez en el budismo Rinzai, con el Shogun, e incluso entonces, fue diferente porque no había ninguna institución opuesta contra la que luchar en términos de conceptos.

Las diferencias en la escuela budista Rinzai habrían sido mucho más evidentes si las hubiera habido. Por el momento, hay que saber que las diferencias entre las escuelas budistas son modestas y que el Rinzai es el único que ha experimentado algún cambio debido a la adaptación de las instituciones centralizadas.

4.2 Hakuin.

La Escuela Rinzai estaba en grave declive durante los siglos XVII y XVIII. Las instituciones centrales del Shogun habían perdido importancia. La Escuela Rinzai fluctuó y se disolvió a medida que el poder del Shogun disminuía y se desplazaba. La revitalización del Rinzai Zen se atribuye a un único erudito que trabajó incansablemente para reintroducir el Rinzai Zen en la población general. Se concentró en la distinción fundamental entre Rinzai y Soto Zen, difundiendo las enseñanzas de Rinzai a través de la meditación y los beneficios prácticos que el Rinzai Zen aporta a la sociedad.

Hakuin Ekaku comenzó su carrera como sirviente de un monje, solicitando a sus padres permiso para ingresar en el templo cuando tenía quince años. Permaneció en la empresa hasta que cumplió los veinte años. Durante todo este tiempo, estuvo leyendo textos budistas traídos de China siglos atrás. En general, los textos le parecieron poco impresionantes. No contenían la sabiduría que él buscaba, y pensaba que la mayor parte de la literatura no era más que anécdotas de causa y efecto. Como resultado, Hakuin se sintió obligado a seguir un método único, revitalizando la Escuela Rinzai en el proceso.

El uso de los koans para alcanzar la iluminación es una parte importante de la Escuela Rinzai. Un Koan es una pregunta profunda sobre la vida o un dilema sin respuesta. Estas indagaciones liberan la mente del mundo mortal, permitiéndole contemplar algo más grande y místico. Se interesó por las tradiciones de la Escuela Rinzai, que hacían hincapié en el trabajo duro y la dedicación al estudio. Viajó de monasterio en monasterio, estudiando el budismo a través de la literatura tradicional y promoviendo al mismo tiempo la doctrina Zen Rinzai. Deseaba volver a una época más tradicional, y los monjes que encontró fueron receptivos a su mensaje.

Hara, su ciudad natal, se convirtió en la sede de la Escuela Rinzai. Muchas personas siguen viniendo aquí para buscar la iluminación. Hakuin es notable por sus batallas con la iluminación. Aunque muchas personas han escrito sobre las dificultades de mantener una mente limpia, pocas han entrado en tanto detalle como Hakuin. Debido a su atención a la literatura tradicional, su casa de Hara se convirtió en un importante hogar para la Escuela Rinzai. La causa y el efecto es un tema común en los escritos tradicionales. El budismo es un examen de cómo los humanos deben interactuar con la naturaleza y responder a diversas situaciones. En su investigación, reunió sucesos más recientes para tratar de reconstruir lecciones más significativas. Un monje que fue asesinado mientras viajaba por Japón es uno de esos ejemplos. Fue secuestrado por unos bandidos y asesinado brutalmente, lo que provocó una muerte atroz. Cuando Hakuin vio esto, se preguntó cómo las enseñanzas budistas podían tener una causa y un efecto para este tipo de instrucción, qué se estaba aprendiendo y qué se podía sacar de esta conducta atroz. Su respuesta es la tesis básica del existencialismo, que se basa en el Rinzai, en otros componentes del budismo y en nociones que han aparecido en numerosos libros sobre la futilidad y el sentido del tiempo en el mundo occidental.

Cuando Hakuin fue testigo de sucesos horribles, reconoció que "lo único que se podía hacer era lo que se podía hacer". La tetera en relieve es una traducción de su texto. Significa que nuestras acciones limitan lo que podemos lograr y que debemos realizar actos que beneficien a los demás evitando interferir en sus motivaciones y comportamientos. Esto se explica mejor en el contexto de una historia sobre Hakuin, que probablemente sea una fábula destinada a mostrar sus lecciones de vida. Mi adaptación de la narración es la siguiente:

Hakuin creció en un modesto pueblo pesquero del este de Japón. Era un hombre mayor que pasaba la mayor parte de sus días en casa. Un día, un matrimonio se presentó en su puerta. Le informaron de que su hija decía que se había acostado con ella y que ahora esperaba un hijo. La pareja se enfadó con Hakuin por su edad y por el hecho de que se estaba aprovechando de su pequeña hija. Hakuin respondía a cada comentario que le hacían con la misma pregunta: "¿Es así?" Después de que naciera el hijo de su hija, los esposos dejaron a Hakuin y volvieron un año después. El niño era un hijo, y los abuelos le dijeron a Hakuin que él era el encargado de cuidarlo. Hakuin dijo: "¿Es así?" y cogió al niño en brazos.

Hakuin crió al bebé durante tres años, proporcionándole leche cuando tenía hambre, ropa y calor. La niña que había contado a sus padres que Hakuin se había acostado con ella se puso a llorar un día. Les confesó a sus padres que les había mentido y que Hakuin no se había acostado con ella. Era un joven que trabajaba en la lonja. Los padres se enfurecieron por el comportamiento de su hija y volvieron con

Hakuin. Se disculparon profusamente con Hakuin, pero lo único que dijo fue: "¿Es así?". Le quitaron a la niña y lo único que pudo decir fue: "¿Es así?".

La relevancia de esta historia radica en cómo se interpreta la obligación de Hakuin. Hakuin cuida del niño porque es su responsabilidad. Aunque no es el padre biológico del niño, no puede impedir que la pareja lleve al niño a su casa. No le corresponde involucrarse en esa situación. Se trata de una forma de bien existencial en la que se desconecta de la mayoría de los actos de la vida pero participa en la realización de una buena acción. Cría al niño por un sentimiento de obligación, no con el niño sino con la humanidad en su conjunto. Lleva a cabo una acción agradable porque tiene la capacidad de hacerlo. Hakuin no niega la historia de la niña porque hacerlo sería perjudicial para la joven. Hakuin sabía que podía cuidar de la niña y que, al alejarla de sus padres, evitaría la ira de su familia. No tiene sentido pelearse; es inútil. Por el joven, hizo todo lo que pudo cuando pudo. Finalmente, devuelve el bebé a la familia, alegando que ellos podrían criar al niño tan bien como él. No había necesidad de discutir sobre lo que había sucedido durante los tres años anteriores porque el niño estaba sano y todo era perfecto. Este texto contiene unas cuantas lecciones cruciales: una, independientemente de si tienes la culpa o has causado el problema, haz todo lo que puedas. Dos, como simboliza el regreso del niño a la familia, no dejes que las transgresiones anteriores se interpongan en el camino del presente. Tres, presta atención al mundo que te rodea y haz lo que puedas. No te quedes tan absorto que no hagas las modificaciones necesarias.

Se calcula que Hakuin tenía unos ochenta discípulos en el momento de su muerte. El pueblo pesquero donde murió se ha convertido en un lugar de peregrinación para los devotos del Rinzai. Su cuestionamiento de las creencias vitales, la meditación con Koans y la práctica de los fundamentos del budismo le catapultaron a una posición de enorme respeto en la religión budista.

4.3 El imperialismo japonés y la Restauración Meiji.

Entre mediados del siglo XIX y mediados del XX, Japón se vio envuelto en una nube sombría. A medida que el nacionalismo japonés crecía, repercutía en todos los ámbitos de la cultura y la tradición japonesas. Aunque el sintoísmo se convirtió en la religión oficial, mucha gente siguió practicando el budismo de las escuelas Soto y Rinzai. El gobierno utilizó estas escuelas bien establecidas para inculcar el nacionalismo a los budistas. Los budistas zen japoneses se encontraban entre los combatientes que tomaron el control de China, Filipinas y el norte de Rusia durante la ocupación. En el mundo actual, esto parece completamente absurdo. Una fe que antes era conocida por su paz, sin derramamiento de sangre, basada en las enseñanzas y reglas de la iglesia, se utilizaba ahora para justificar la tortura y la ocupación de extranjeros. En Japón, esto se considera la época más oscura del Zen.

No se produjeron avances significativos en el pensamiento budista y no surgieron maestros notables. Uno de los efectos duraderos de este periodo es el modo en que el gobierno japonés explotó a los budistas.

Durante este período de nacionalismo, el zen en todas sus formas se estableció firmemente como una tradición japonesa. El gobierno japonés estaba ansioso por "armar" la cultura japonesa.

Todo lo relacionado con la identidad japonesa se elevó a un nivel superior de grandeza, superando a todas las demás culturas. Esto incluye las escuelas budistas Soto y Rinzai. Desgraciadamente, algunos soldados japoneses que lucharon en China lo hicieron casi con toda seguridad contra sus compañeros de la escuela budista Chan. Los vínculos construidos por el gobierno entre el budismo y el nacionalismo se perdieron por completo en aquellos que luchaban en aquel momento.

4.4 En la era moderna.

La trayectoria de Rinzai después de la Segunda Guerra Mundial ha sido interesante, aunque un poco confusa. En Japón, el budismo Soto se ha estandarizado bastante; sin embargo, muchos monasterios siguen practicando fuera de las instituciones de Tokio. Esto nunca ocurrió con el Rinzai, y una sola entidad ya no lo organiza. Está separado en quince ramas, cada una con su templo. Cada una de ellas practica el Rinzai de forma algo diferente.

El tono y el decoro de estos templos son muy diferentes. También definen la genealogía de cada monasterio, los monjes que los cuidaron y sus hijos que siguieron sus pasos. Las numerosas ramas que existen en la actualidad se examinarán con mayor profundidad en el capítulo 6, ya que están muy vinculadas a los templos que las albergan.

Capítulo 5:

Meditación, Koans y Kensho.

5.1 Las preguntas que todos debemos hacer.

Para ilustrar la filosofía de los textos koan, su uso y su significado, siempre empiezo con un ejercicio mental muy popular en Occidente y una pregunta que, sin duda, has escuchado antes: "¿Qué sonido hace un árbol en un bosque si no hay nadie presente para escucharlo?". Es una pregunta que probablemente hayas oído como inicio de un chiste o hayas visto en relación con un programa de televisión. Un Koan es algo así. Es una pregunta que invita a la mente a buscar respuestas de un modo que la mayoría de la gente no hace. Los koans sirven para varios propósitos, como abrir la mente a nuevos conceptos, permitir la iluminación y que las generaciones futuras comprendan mejor las lecciones de los mayores.

En los monasterios, los koans se enseñan en dos programas básicos. Sin embargo, ha habido subdivisiones que enseñan los conceptos a lo largo del tiempo. El objetivo es siempre el mismo: desafiar el pensamiento planteando problemas poco comunes. Se utiliza para aumentar la comprensión del mundo y es beneficioso para localizar el kensho y, con gran esperanza, la iluminación. Este es el objetivo final de la práctica del koan, aunque muchas personas nunca llegan a él. Más adelante en esta parte, describiré el pensamiento kensho, que casi cualquiera puede adquirir mediante el uso de los koans, pero primero, veamos cómo funcionan los koans y por qué se siguen empleando en el budismo y en el resto del mundo occidental.

El uso de los koans en el mundo occidental está bien documentado, y un estudio reciente se ha centrado en la utilidad de plantear a los individuos retos únicos con la esperanza de encontrar soluciones únicas. Este tipo de eventos son Koans, aunque no se llamen así. La pregunta "¿Cuántas ventanas hay en Manhattan?" es un ejemplo de una premisa con la que quizá esté familiarizado. Aunque comenzó como una técnica inesperada para obtener una respuesta fenomenal de los posibles candidatos, ahora es una pregunta muy conocida. Veamos por qué esta pregunta se considera un Koan y cuál es su verdadero propósito.

Para empezar, se utiliza para trasladar una entrevista a un área desconocida. Mientras que la mayoría de las preguntas son convencionales y pueden ser entrenadas, ésta no lo es. Requiere que el candidato piense rápidamente para llegar a una solución razonable. Es la primera vez que me recuerda a un Koan. La mayoría de los problemas a los que se enfrenta el ser humano pueden resolverse utilizando conocimientos previos, o sus actos pasados dictan sus comportamientos futuros.

Un ejemplo sencillo es que no se puede tocar una estufa caliente cuando está encendida, ya que se quemará la mano. ¿Qué métodos utilizó para adquirir este conocimiento? Viene de una experiencia previa con el calor o el fuego, por decirlo de forma sencilla. Puede que no se haya quemado con la estufa anteriormente, pero sabe que tocar la estufa le causará dolor debido a su experiencia previa con el calor. Podemos aplicar este razonamiento a prácticamente todos nuestros comportamientos si lo seguimos.

Cuando comparamos el valor de dos cosas en el supermercado, solemos utilizar las proporciones para determinar la mejor oferta. Cada problema es diferente, pero la forma de responder a ellos se basa en los fundamentos matemáticos que se enseñan de niño o de adolescente. No se intenta abordar el problema mediante ningún proceso mental nuevo.

El valor de la respuesta es la segunda razón por la que la pregunta de la ventana funciona como un Koan. No importa cuántas ventanas haya en la isla de

Manhattan. Lo importante es cómo se ha llegado a la respuesta y lo que este proceso de pensamiento revela sobre el estilo de pensamiento de una persona. Cuando un candidato da al entrevistador el número de ventanas, la pregunta no termina.

Dado que la continuación consiste en que el candidato hable de cómo ha llegado a la respuesta, es aquí donde comienza la pregunta. El entrevistador pregunta por qué ha seguido esa línea de pensamiento mientras recorre sus etapas mentales. Esto hace que el candidato reflexione más profundamente sobre la cuestión y permite al entrevistador comprender con precisión cómo está pensando el solicitante.

El entrevistador obtiene información útil como problema para encontrar un recluta, pero el solicitante recibe un efecto duradero que le ayudará en futuras cuestiones. Aquí es donde los koans y la ciencia actual se han unido; hay una verdad absoluta en conseguir que la gente piense en los problemas de forma no convencional.

Según los estudios modernos, las personas tienden a dar soluciones rutinarias a los problemas cuando se les da un número ilimitado de posibilidades para abordarlos. Hay numerosas ineficiencias en su respuesta que no se tienen en cuenta porque no determinan el resultado. Los problemas se restringen para animar a los solucionadores de problemas a que aporten soluciones más inventivas.

El dilema de las cerillas, por ejemplo, es uno de los más populares a los que quizás hayas estado expuesto. Se entrega a cada grupo una caja de cerillas con veinte cerillas. Simplemente se les da la caja de cerillas y se les dice que deben descubrir un medio para mantener abierta una ventana que tiende a cerrarse. A un grupo con muchas más cosas a su alrededor se le plantea el mismo dilema. Al primer grupo se le asigna un reto al estilo Koan, en el que se les hace pensar en un tema de forma que les lleva a nuevos caminos de pensamiento imponiéndoles límites.

La utilidad de los koanes, al igual que la de los koanes, no radica en cómo se resuelve el problema, ni en la solución del mismo, sino en el desarrollo cerebral que se produce tras la resolución del problema. El grupo al que se le impone la restricción tipo Koan será capaz de pensar en diferentes cuestiones de un modo que el otro grupo no podrá.

Los koans también se utilizan para ayudar a los principiantes en el budismo a comprender mejor las enseñanzas y lecciones de sus mayores y a liberar la mente y prepararse para el kensho y la posible iluminación. Durante generaciones, el uso de los koans por parte de la Escuela Rinzai cayó en desuso, especialmente cuando el shogunato japonés fue abolido. Los koans se adoptaron de nuevo para obligar a los alumnos a ver la literatura anterior de una manera que tuviera sentido para ellos, aunque se desviara de la intención original del autor. Tomemos, por ejemplo, el Koan "La vieja quema la cabaña", que es un Koan menos conocido.

Había una anciana que cuidaba de un ermitaño.

Hizo que una chica de dieciséis o diecisiete años le llevara la comida al ermitaño y lo atendiera durante veinte años.

Animó a la niña a abrazar al monje y preguntarle: "¿Qué sientes ahora?" un día.

Un viejo árbol en un frío acantilado; en pleno invierno - sin calor, dijo el ermitaño.

La niña se lo transmitió a la anciana.

"¡Durante veinte años he mantenido a este asqueroso bueno para nada!", exclamó la mujer. Como consecuencia, echó al monje y prendió fuego a la ermita.

¿Qué representa esta historia y qué significa para un lector budista más joven que quiera aprender sobre las enseñanzas y los textos más antiguos? La cantidad de escritos sobre esta historia es enorme, así que sólo daré una perspectiva, pero primero hay que entender que el objetivo general de la historia es sumergir al lector en la época y la sociedad en la que fue escrita. Obliga al lector a considerar tanto el mensaje general de la historia como los componentes específicos de la trama a lo largo del recorrido. Habrá muchas interpretaciones diferentes de la palabra "abrazo" tal y como se utiliza aquí.

Un lector más joven lo interpretará como un tipo de conexión entre el monje y la joven. Un lector de más edad, sobre todo si está familiarizado con la época, lo interpretará casi con toda seguridad como un encuentro sexual. Esto nos lleva a la segunda lección de la historia: se puede aprender mucho diseccionando y examinando los fragmentos individuales. En un trozo de fábula de la época, podemos observar a un lector más joven tomar conciencia de la época. Es algo que es eterno y enseñable, y ayuda a entender la literatura budista más antigua.

En cuanto al contenido real de la historia, una interpretación es que la anciana que acoge al monje intenta comprenderlo. Lo alimenta y lo aloja porque es un hombre de fe e intelecto, que ella aprecia. El uso de mujeres de dieciséis y diecisiete años para proporcionarle es un intento de la anciana de comprender al monje como un ser humano normal. Según la historia, él debería querer mirar y conectar con las chicas, pero nunca lo hace. La anciana pide entonces a una de las chicas que "abrace" al viejo ermitaño, lo que interpretamos como una relación sexual en esta situación. Como resultado, el monje responde a la mujer de una manera difícil de entender. Este comentario pretende ser difícil de comprender no sólo para la mujer, sino también para el lector. En otras palabras, su reacción al abrazo no tiene sentido. Incluso con la interacción más humana, la anciana comprende que nunca le aprenderá y le obliga a marcharse. Su rabia por no entenderle se descarga en la casa de campo en la que había vivido, que ella quema. Para el monje, tiene importancia el hecho de haber sucumbido a la tentación humana, pero posteriormente ha vuelto a su camino monástico. Se trata de un error por su parte, tanto por el deseo humano como por su posterior respuesta. No debería haber abrazado a la chica y, en cambio, debería haber seguido el curso normal de respuesta emocional. Cometió un error al tomar el encuentro y explotarlo para presumir de su misticismo, y es castigado con el incendio de su casa.

5.2 Kensho y su Despertar.

El objetivo de alcanzar el kensho, o la iluminación, es un principio central de la Escuela Rinzai. Lo importante es recordar que es sólo un paso en el camino hacia la iluminación final, no la meta que los académicos Rinzai buscan alcanzar a través de la meditación. La frase también se utilizó en la Escuela Soto, pero adquirió una connotación diferente y más significativa que la de Rinzai. En Rinzai, a veces nos referimos a kensho como Bodhi, por el árbol Bodhi bajo el que el Buda alcanzó la iluminación plena. Tras unas pocas semanas de meditación, se puede tener una experiencia de kensho. Marca el inicio de una mente clara y proporciona una visión del mundo que rodea a los individuos que meditan. Cabe mencionar que en toda la comunidad budista, incluida la Escuela Rinzai, existe un debate sobre el significado del kensho. Sin embargo, para la mayoría de las personas, la aplicación de los koans conduce a su primer avance en la meditación.

Pensamos en el kensho como una forma de ver el mundo que nos rodea porque está muy vinculado al uso de los koans. Conseguimos el kensho pensando en el mundo de forma abstracta y filosófica, y por ello nuestro kensho difiere del de la mente clara de Soto. En cambio, es una sensación de alerta y apresuramiento al despertar.

Puede aportar soluciones a situaciones antes irresolubles. Implica las mismas sensaciones de relajación y alegría asociadas a otros tipos de meditación. Sin embargo, se centra más en las implicaciones prácticas de la meditación y en lo que puede conseguir el alumno.

5.3 Meditación para principiantes, un libro creado para las personas que se inician en la meditación.

Soy un budista cultural e histórico que empezó a meditar para comprender mejor los temas que estaba estudiando. Me sorprendió lo útil que resultó ser en mi vida diaria. Es algo que todo el mundo puede hacer y se utiliza para limpiar la mente, lo que permite procesar los problemas de una manera libre de estrés. En la escuela Rinzai, ésta es la esencia de la meditación.

La meditación se utilizará para ayudarle a cambiar la forma en que su mente piensa en las dificultades. Mediante el uso de Koans, imaginarás diversas circunstancias y trabajarás con desafíos "extraños" durante la meditación. Esto le permitirá separarse de los retos a los que se enfrenta a diario. Al salir de la meditación, notarás que estos problemas te estresan menos y que los abordas de una manera mucho más "distante" o pensando en ellos sin tener en cuenta tus emociones sobre cada situación. Esto es beneficioso porque te permite ser un observador objetivo de tu propia vida, lo que te permite tomar las mejores decisiones para ti sin dejarte influir por la emoción, el estrés o los deseos repentinos. Tomarás decisiones en función de la información que tengas y de los ideales que defiendas.

Para empezar, querrás crear las condiciones perfectas tanto en tu área de vida como en tu estado emocional. En mi opinión, los principiantes deberían empezar a meditar por la noche. Por la noche estás menos preocupado por los acontecimientos del día, algo que muchas sesiones de meditación de madrugada pasan por alto. Deberías meditar durante una o dos horas antes de retirarte a la cama. Debes estar sobrio o, como mínimo, haber tomado una copa de vino con la cena. Debe estar tranquilo, aunque tenga un poco de sueño. Este es un estado excelente para la meditación. A medida que practiques más, notarás que las condiciones en las que meditas se vuelven más intensas. Cuando estés increíblemente despierto y con energía, o cuando tengas por delante un día lleno de acontecimientos de gran presión, podrás meditar.

El segundo paso es asegurarse de estar en el entorno ideal para la meditación y de estar en la posición correcta. La práctica de meditación de la Escuela Rinzai requiere que te sientes con las piernas cruzadas y las manos sobre las rodillas. La espalda debe estar recta y la cabeza debe apuntar hacia adelante. Te recomiendo que comiences tu práctica de meditación en tu habitación. Esta habitación suele estar relacionada con el sueño, y te pondrá rápidamente en un estado de ánimo tranquilo y relajante.

Las condiciones de temperatura y sonido también son cruciales. Cree un entorno en el que pueda llevar ropa holgada, y que no requiera sudaderas o chaquetas. Cámbiate los calcetines del día anterior o medita completamente sin ellos. Es preferible el silencio para el sonido, aunque entiendo que esto no es una opción para todos. Ciertamente, puedes comenzar tu meditación con el sonido del océano u otro sonido natural, sabiendo que pronto podrás meditar sin él.

Puedes empezar a adquirir kensho utilizando koans muy sencillos una vez que estés preparado y en la posición adecuada. Estos son los tipos de ideas y escenarios que deberías considerar:

- Apaga ese fuego.

- Apaga el fuego al otro lado del río.

- Deshazte del árbol.

- Detengan ese avión y abran el camino de la montaña.

- Busca un refugio seguro para tu hermano.

Todavía no estás preparado para los koans proverbiales más profundos o las preguntas directas porque estás empezando a meditar con koans. Mientras estas en un estado meditativo, ofrece a tu mente las actividades listadas arriba para hacer. Te recomiendo que las escribas o que lleves este libro contigo como referencia. La idea es concentrarse en cada dificultad y encontrar una solución satisfactoria. Dado que cada desafío no está claro y no parece tener un propósito, es fácil que los recién llegados se queden atascados en la pregunta "¿por qué?". No hay una solución práctica para estas cuestiones; sólo son herramientas para ayudarte a limpiar tu mente.

La experiencia de kensho de cada uno será distinta, pero cada uno reconocerá que lo ha encontrado a su manera especial. Después de dos semanas o más de meditación, deberías alcanzar esta condición de calma y claridad de pensamiento. Sólo durará unos momentos antes de que tus pensamientos comiencen a arremolinarse de nuevo, pero sabrás que lo has experimentado cuando tu mente se sienta como si estuviera vacía.

Para mí, ésta es la sensación de estar en la cúspide del pensamiento consciente, pero poder digerir la información de forma clara y sucinta. Gira a través de los retos que se te proponen más arriba hasta que llegues a un punto en el que tu cerebro esté completamente separado de las palabras, pero sigas pensando en el significado del problema. Te concentrarás en la respuesta o acción en tu mente, y cuanto más clara sea la imagen, más cerca estarás del kensho.

Aunque todavía estamos en las primeras etapas de la meditación, espero que esta guía pueda guiarte a través de lo esencial. La meditación de la Escuela Rinzai difiere significativamente de la de la Escuela Soto y encontrar un grupo de meditación de la Escuela Rinzai no siempre es fácil. Antes de encontrar a alguien con quien practicar, probablemente tendrás que practicar mucho por tu cuenta. A medida que vayas avanzando en el camino de la meditación, es posible que te encuentres con personas interesadas en la práctica y les ayudes a iniciarse. No hay ningún beneficio intrínseco en meditar en grupo, pero hace que la experiencia sea más agradable. Con suerte, descubrirás que alcanzar el kensho es beneficioso para ti y que reduce tus niveles de estrés en tu vida diaria. Intenta estar atento a tus soluciones a diversas situaciones, ya que deberían mejorar a medida que vayas mejorando en la meditación.

Capítulo 6:

Templos y ramas de Rinzai

6.1 Introducción.

Ninguna institución central rige la enseñanza del budismo Rinzai. En su lugar, quince templos principales se encargan de ello. Se trata de templos principales que actúan como cabeceras de conocimiento y albergan importantes enseñanzas Rinzai, como la literatura kensho y koans. Cada templo principal gobierna extraoficialmente cientos o miles de templos menores en todo Japón.

Los templos menores se asignan a una de las quince ramas principales. Esto suele deberse a un linaje de eruditos en los templos grandes o, más comúnmente, a la cercanía del templo central con los templos más pequeños e independientes. Hay más de 6.000 templos en Japón, incluidos cuarenta monasterios dedicados a la enseñanza y formación de monjes Rinzai. La mayoría de estos templos se construyeron durante la ruptura del feudalismo y la llegada del Shogun a Japón en los siglos XIII y XIV. Este liderazgo central construyó templos opulentos para promover el Rinzai como doctrina unificadora en todo Japón. Muchos de estos templos han sufrido mucho en los siglos posteriores a su construcción.

Durante la restauración de Meijing, algunos fueron incendiados. En tiempos de conflicto, otros fueron convertidos. Ahora sirven como monumento a la fe Rinzai. Han sido reconstruidos y sirven para que los japoneses reflexionen sobre la historia de Rinzai a su paso por Japón.

Echemos un vistazo a algunos de estos templos, su importancia histórica y los cambios que han aportado a Rinzai a lo largo del tiempo. Aunque los puntos de vista básicos sobre los koans y el kensho siguen siendo consistentes, hay diferencias en otras áreas. Estos templos sirvieron de base para las ramas de la Escuela Rinzai a medida que se extendían por Japón, cambiando las prácticas, la arquitectura y el poder gobernante en los templos a lo largo del tiempo. La historia de cada uno de estos templos ofrece una visión fascinante del pasado de Japón.

Cada siglo marca un punto de inflexión en la posición del templo en la comunidad, como demuestran los cambios en el gobierno, los ligeros cambios en la práctica de la meditación y las escrituras, y los cambios en el papel del templo en la comunidad.

6.1.1 Kogaku-Ji.

Este templo fue fundado en 1380 por Bassui Tokushio y es conocido por su proximidad al monte Fuji. Es una renombrada atracción turística, ya que representa una parte de la antigua cultura japonesa a la vez que ofrece unas vistas espectaculares de la montaña. Un incendio destruyó gran parte del antiguo templo, que fue reconstruido a principios del siglo XIII.

6.1.2 Engaku-Ji.

Este templo, situado al sur de Tokio, es muy similar al de la región noreste de China. Su arquitectura es sorprendentemente similar a la de las estructuras clásicas de la Escuela Chan. El templo se construyó como consecuencia de un acuerdo alcanzado entre un extranjero chino y el monarca de Japón. Éste deseaba erigir un monumento a todos los que habían muerto a causa de la batalla entre los mongoles y los chinos.

6.1.3 Kencho-Ji.

Kencho-Ji, situado en Kamakura, es importante porque es el lugar más cercano al lugar donde el Zen Rinzai llegó por primera vez a Japón. El templo es uno de los más antiguos de Japón y ha sido objeto de numerosas renovaciones a lo largo de las décadas. También marca el inicio de una era de sinergia entre el gobierno y la fe Rinzai.

El templo se construyó con fondos del gobierno y sirvió como ejemplo de cómo dirigir un país mediante el uso de templos. Kencho-Ji, del que ya se habló en el Sistema de las Cinco Montañas, sentó un precedente de cómo los monjes educados pueden llevar a cabo la voluntad del gobierno. Es un maravilloso tributo a la contribución del budismo al diseño de la sociedad japonesa. Como resultado, tiene una de las instalaciones más grandes, lo que refleja la burocracia que condujo a su establecimiento.

El templo principal se construyó sobre el mismo terreno que cuarenta y nueve templos menores, pero la mayoría de ellos fueron destruidos por el fuego con el paso del tiempo. Existe la teoría de que los subtemplos destruidos por el fuego en el templo Kencho-Ji fueron consecuencia de un levantamiento contra el Shogun. Si se visita este lugar de Japón, como hice yo, seguro que se encuentra con esta noción durante el recorrido. He estudiado mucho la región japonesa de Kamakura, y parece que se trata de un rumor difundido por otras partes del país. Kamakrua tiene una larga historia de devoción a la Escuela Rinzai, y parece poco probable cualquier oposición que pueda resultar en la destrucción de un hito religioso. No es que los terrenos del templo principal puedan detener una conducta blasfema de este tipo, sino que la población de la región nunca permitiría que algo así sucediera.

Curiosamente, la idea de que las revueltas menores conduzcan a la destrucción de los templos Rinzai podría ser un síntoma de historia revisionista para quienes consideran el shogunato como un periodo turbulento de la historia japonesa.

6.1.4 Kokutai-Ji.

El templo Kokutai-Ji, el segundo templo formal Rinzai más antiguo de Japón, destaca por contener originalmente una secta budista. Durante el siglo XIV, la secta Fuke del budismo era una rama en desarrollo de la escuela Rinzai. Se supone que ésta es una de las primeras residencias de la rama Fuke. Las variaciones entre las Escuelas Rinzai son minúsculas. En realidad, son casi inexistentes. La rama Fuke se creó debido a la adopción de Rinzai como autoridad para gobernar al pueblo.

La secta Fuke tomó los pensamientos y las lecciones de la Escuela Rinzai y simplemente eliminó las nociones del poder central gobernante. A medida que otros templos comenzaron a identificarse con el Fuke, la secta cobró importancia a mediados del siglo

XIV. El Kokutai-Ji fue quizás el templo más grande en hacer la transición, y como resultado, fue frecuentemente el objetivo del Shogun en las disputas políticas. Sorprendentemente, el cambio de secta dio lugar a muy pocos enfrentamientos reales.

Esto se debe a que los monjes afiliados a Rinzai seguían bajo el control del Shogun. Hay relativamente poco material que apoye la limitada investigación realizada sobre este periodo entre la mezcla de las sectas. Aun así, se cree que los monjes del Shogun, que controlaban el poder, les protegían de las agresiones físicas.

Los monjes que sirvieron en este templo fueron los que más duraron en su forma de vestir. Para distinguirse de los monjes elegidos por el Shogun, la secta Fuke viste de forma diferente. Varios templos designados en su totalidad como escuela Rinzai siguen llevando este estilo de vestimenta. Varios templos que deseaban vincularse con la secta Fuke adoptaron esta forma de vestimenta en los siglos XIV y XV. Era su principal medio de desafío contra el Shogun. Debido a que los templos más grandes se encargaban principalmente de las directivas del gobierno y de la administración estatal, las pequeñas rebeliones de los templos menores eran tratadas como actividades cometidas sin previo aviso.

Las túnicas existen como un símbolo de revuelta al que mucha gente podía unirse, y demuestran la oposición generalizada al control del Shogun en aquella época. En los últimos tiempos, se cree que las túnicas son compatibles con la escuela moderna de Rinzai.

6.1.5 Tenryu-Ji.

Tenryu-Ji, el más conocido de los templos Rinzai, está situado a las afueras de Kioto y ha desempeñado un importante papel en la ciudad durante generaciones. Durante el reinado del Shogun, el templo se completó y sirvió como uno de los centros de poder de la clase dirigente. Se empleó como lugar para imponer el dominio de Kioto, pero lo hizo de forma agradable para la mayoría de la población.

La escuela Rinzai de Kioto tiene una larga historia, que se remonta a principios del siglo XIII, cuando muchos monjes y educadores emigraron a la ciudad. Antes de que se fundara el Tenryu-Ji, la tradición budista estaba bien aceptada y se construyeron numerosos templos menores.

Funcionó como enlace entre las negociaciones con la dinastía Ming de China durante su apogeo. Hay que tener en cuenta que la fe budista se originó en China y que la Escuela Linji es la rama más directamente relacionada con la enseñanza Rinzai. Este vínculo entre China y Japón ayudó a la estructura de poder del Shogun durante esta época. Gracias al apoyo chino, el templo floreció y creció en tamaño durante siglos, ampliando progresivamente los terrenos del templo. Hoy en día, tenemos un vasto sitio histórico rodeado de una exquisita belleza que se ha convertido en sinónimo de Kioto. Piense en el Kioto actual con los cerezos en flor, y tendrá una idea justa de los terrenos que rodean al Tenryu-Ji. Antiguamente cubría aproximadamente 330 kilómetros cuadrados de terreno mantenido en su punto álgido.

En esta propiedad había cientos de templos más pequeños, que albergaban a los monjes que cuidaban los jardines. A lo largo del tiempo, estos templos menores fueron destruidos por las llamas, y el templo principal fue asediado en múltiples ocasiones durante los siglos XVIII y XIX. Esto ocurrió debido a las luchas internas del país, pero el templo central fue reparado regularmente, y se cree que conserva gran parte de la arquitectura original.

6.2 Guía de visitantes de los templos.

He viajado varias veces a Japón para conocer la cultura actual del país, así como la larga historia del budismo. Dondequiera que vaya, encontrará templos Rinzai deseosos de ayudarle a meditar o, si los practicantes hablan suficientemente bien el inglés, de hablar de la historia de Rinzai en esa región.

Mi recomendación es que visite estos templos en cada ciudad que visite durante su viaje por Japón. Las diferencias arquitectónicas son fascinantes de ver porque están fuertemente asociadas con el lugar de origen y la época en que se construyeron. Mucha gente viene a Kioto para ver el Tenryu-Ji por su notable grandeza, pero hay otros templos menores por toda la ciudad que son igualmente bellos y agradables. Incluso si está planeando unas vacaciones para ver los templos más importantes fuera de las ciudades, le aconsejo encarecidamente que visite también los más pequeños.

El budismo tiene una larga historia de inflexibilidad frente a los avances científicos. Muchas ciudades japonesas parecen tecnológicamente modernas, con extensas redes de transporte público y zonas céntricas abarrotadas. Los templos Rinzai permiten alejarse de la imagen actual de Japón y adentrarse en el antiguo zen que acompaña al país desde hace cientos de años. Proporcionan una condición de tranquilidad entre la congestión de la cultura moderna, como el propio budismo. Puede ser un reto localizar un templo Rinzai dependiendo de la ciudad.

Si ese es el caso, recomiendo ir a un templo Soto en su lugar. La escuela budista Soto es la rama más importante del budismo en Japón, con muchos más templos que la escuela Rinzai. En estos lugares se puede seguir meditando con los monjes, pero se hará de forma ligeramente diferente. Preguntará a los practicantes presentes sobre las diferencias entre los sistemas Rinzai y Soto.

Según mi experiencia, están más que encantados de atender a los extranjeros interesados en el budismo y la historia de Japón. Estoy seguro de que, independientemente de a dónde le lleve su viaje, encontrará una conexión espiritual en cada uno de estos templos.

Consideraciones finales.

Espero que hayas disfrutado aprendiendo sobre las raíces de la fe Rinzai, cómo llegó a Japón y su importancia actual. Ahora tienes una comprensión básica de las enseñanzas Rinzai y de cómo meditar en el estilo Rinzai. La difusión de Rinzai a través de Japón tardó cientos de años en desarrollarse, y es emocionante que tales conceptos puedan ahora extenderse por todo el mundo en el siglo XXI. El uso atento del kensho y los koans distingue al Zen Rinzai de otras escuelas budistas.

Si quieres involucrarte más con Rinzai, es una buena idea empezar a meditar y leer estos influyentes escritos. Hay varias traducciones disponibles para una variedad de idiomas, y las lecciones y preguntas planteadas en cada una de ellas siguen siendo relevantes hoy en día. Descubrirás que la sabiduría de nuestros antepasados puede aplicarse a la actualidad con la misma rapidez que hace 400 años. Al igual que los templos de Japón que han perdurado en el tiempo, el budismo es un estado de calma, contemplación y búsqueda de espiritualidad que encaja bien en nuestro entorno moderno.

El siguiente paso es aprender más sobre la fe Rinzai y más sobre la historia japonesa en general si te interesa el componente histórico de este libro. Es imposible distinguir una de otra en cualquier escenario; coexisten y han evolucionado juntas. No te preocupes si tienes problemas para leer los textos históricos de la Escuela Rinzai; aunque las traducciones sean precisas, estás leyendo de textos centenarios. Es posible que necesite la ayuda de un maestro Rinzai capacitado para comprender el significado. Estos pueden encontrarse en todo el mundo, ya que hay una comunidad Rinzai en casi todos los países. Dado que estas comunidades suelen ser pequeñas, si usted reside en un lugar en el que no se dispone de dicha asistencia, deberá buscar la ayuda de alguien de la escuela Soto. El Rinzai no tuvo el mismo éxito en Occidente que el Soto Zen, pero los practicantes del Soto Zen estarán encantados de ayudar a las personas interesadas en cualquier rama del budismo japonés.

Por último, si ha disfrutado de la lectura de este material, le agradeceríamos que nos dejara una reseña. El mejor método para que la gente conozca este libro es a través de sus comentarios y los de otros lectores en el área de reseñas. Yo también estoy ansioso por recibir comentarios sobre este proyecto, así que por favor anota lo que te ha gustado y lo que puede ser mejor. Siempre busco formas de mejorar mi trabajo, y todos los comentarios son muy útiles. Por último, por favor, vea la lista de mis otros trabajos más abajo si le ha gustado este escrito y el tema.

Gracias por su tiempo y consideración, y mis mejores deseos.

Segunda parte:

La Escuela de Soto Zen.

Introducción.

Este libro pretende educar y enseñar a los lectores sobre el budismo Soto, una rama del budismo zen conocida como budismo japonés. Mi viaje hacia el budismo duró más de veinticinco años. Todo comenzó con un poco de interés en El Buda, pero rápidamente se convirtió en una fascinación por toda la escuela de pensamiento. Finalmente, hice el cambio completo al profundizar en el tema. Este libro no pretende convertir a nadie, sino explicar los conceptos esenciales del Soto Zen, de dónde proceden y cómo han evolucionado a lo largo del tiempo.

El budismo es un tema difícil de comprender debido a la amplitud que ha adquirido el nombre de "budismo". Existen varias distinciones entre las escuelas budistas, y puede ser un reto distinguirlas directamente. El objetivo de este libro es llevarle en un viaje a través de los orígenes de las enseñanzas del budismo y cómo se dividieron para formar el budismo Soto Zen, la práctica budista más extensa del mundo. Este libro examinará la vida de Buda, su región original y los muchos discípulos que llevaron a nuestra comprensión actual de su vida. También le mostraré cómo meditan los budistas Soto Zen y los principales templos históricos de todo el mundo, así como el sistema de autoridad Soto Zen moderno.

Si quieres aprender más sobre el Soto Zen pero has encontrado la práctica demasiado confusa o el conocimiento está disperso en demasiados lugares, empieza a leer ahora. Te explicaré los fundamentos del Soto Zen, cómo vivir tu vida según sus preceptos y las ventajas de adoptar una mentalidad Soto Zen. He dedicado numerosas horas a la investigación de este libro y he buscado a lo largo y ancho las mejores fuentes para proporcionarte el conocimiento crítico que necesitas. Todo esto se suma a mis décadas de estudio del budismo.

Las prácticas budistas siempre serán un terreno de confusión si no se adquiere una firme comprensión del pensamiento budista. La fe budista tiene muchos principios intrigantes, pero puede ser un reto comunicarlos a un público occidental. Los occidentales y los budistas zen tradicionales tienen bases de conocimiento muy distintas, pero voy a contextualizar el budismo para un público occidental. No habrá malentendidos porque todas las técnicas y lecciones se describirán de forma clara y concisa. Este libro satisfará sus necesidades, tanto si sólo está interesado en el budismo como si es un estudiante que investiga el tema.

No hace falta ir a un monasterio budista para experimentar el encanto del budismo. Todo comienza con el intelecto y la búsqueda de la iluminación. Empieza a leer y embárcate en un viaje hacia una comprensión más profunda y significativa del budismo Soto Zen.

Daisuke Tanaka

Capítulo 1:

Los inicios del budismo Soto.

1.1 El largo viaje desde China.

Debemos empezar por comprender el budismo Soto, sus prácticas y sus disciplinas. El budismo Soto es una continuación de una práctica china más antigua conocida como taoísmo y de los principios que han mantenido la civilización china en funcionamiento durante miles de años. Las creencias del Soto Zen han sido moldeadas, reformadas y reconfiguradas a lo largo de varios cientos de años para adaptarse a la cultura a la que servían. Las enseñanzas modernas tienen mucho en común, pero también tienen muchas distinciones. Los puntos en común entre el Zen Soto y el taoísmo son importantes para el pensamiento Soto, independientemente del período cronológico.

Aunque no consta en las escrituras ni se hace referencia a él en la práctica, el taoísmo, la creencia o el pensamiento ordenado de que las personas están fundamentalmente equivocadas, es una característica que define a muchas escuelas de budismo. Aunque el budismo se ha distanciado del taoísmo a medida que se ha ido extendiendo por Japón, no se pueden pasar por alto sus orígenes en China. Los valores del taoísmo impregnan todas las sectas budistas, desde la meditación hasta la forma en que los individuos se perciben a sí mismos, la religión y la estructura social. Los estudiosos de Asia Oriental llevan mucho tiempo reconociendo las similitudes. Sin embargo, a medida que el budismo se ha dividido en más sectas, las distinciones se han hecho más evidentes, y la conexión con el taoísmo se ha desvanecido en la oscuridad.

Es fácil observar los paralelismos subyacentes con una somera evaluación de las ideas y valores fundamentales. El taoísmo fomenta la autorreflexión y el esfuerzo por ser virtuoso, por encontrar el camino y por trabajar hacia un sentido más profundo del ser que es posible en este planeta. Busca el equilibrio en la naturaleza, la sociedad y la vida cotidiana. La armonía no es un objetivo específico, y varía en función de los objetivos del individuo. Por ejemplo, la armonía puede no implicar la aceptación completa de la propia existencia, sino centrarse en el momento presente o en un componente menor de la propia vida. Un estudiante de piano puede alcanzar la armonía al instante, perderse y desconectarse del resto del mundo de la vigilia. Este punto de vista, esta visión del mundo, es compartida por todas las sectas budistas.

La Escuela Caodong, o la institución de transición entre Buda y lo que actualmente se reconoce como budismo, está en el centro del vínculo entre el taoísmo y el budismo. Muchos de los preceptos del budismo Soto fueron desarrollados por la Escuela Caodong, y cuando Soto viajó más tarde a Japón, estas ideas centrales también fueron llevadas. Todas estas ideas han sido atribuidas a Buda de forma insatisfactoria. La Escuela Caodong fue una de las primeras en formalizar los principios de Buda, aunque ya existían desde mucho antes que el propio Buda. Las ideas específicas impactaron a Buda, y su actitud hacia la iluminación tenía tanto en común con estas nociones antiguas que no pueden ser ignoradas. Esto pone de relieve un hecho esencial del budismo, que ha dado lugar a numerosas sectas e ideologías: El budismo, tal como lo conocemos ahora, es una culminación de ideas de una parte del mundo que ha coexistido durante siglos. Las declaraciones de aceptación y posición social se propagaron por todo Bután para construir el orden social, asegurar la estabilidad y hacer que la vida valiera la pena para la población. Cuando leas sobre Buda, su educación y sus eventuales puntos de vista sobre la vida en general, ten esto en cuenta. No son únicas para él ni para el sistema social dominante de la época. Los ideales compartidos, como la agricultura en Mesopotamia, fueron populares de repente.

En la época del nacimiento y la vida de Buda, la estructura social se basaba en la reencarnación. Aunque el concepto de reencarnación es bien conocido, la forma en que se pensaba que funcionaba en aquella época era un poco diferente. Es crucial entender sus sutilezas para poner la vida de Buda en contexto. El concepto era que uno es recompensado por las actividades adecuadas y castigado por las acciones negativas a lo largo de su vida. Serás premiado en el futuro si acumulas suficiente karma a través de buenas acciones, ya que te reencarnarás en una entidad superior o nivel social. La reencarnación en una entidad o nivel social inferior se utilizaría para castigar el mal comportamiento. Este era un poderoso motivador para mantener la cohesión de la comunidad y la obediencia civil.

Hacia el año 500 a.C., la reencarnación era una creencia muy extendida en todas las clases sociales de la región de Bután, ya que beneficiaba a personas de todas las edades y géneros. Con el mismo celo que un agricultor, los brahmanes de alto estatus buscaban una reencarnación positiva. Desde el punto de vista del agricultor, la ejecución de su obra social en un papel de baja categoría le ayudaría a tener una mejor vida de renacimiento. La tarea de vadear el estiércol de las vacas, así como las penurias de cultivar y cosechar, podrían ser vistas positivamente. Los actos ordinarios que componen el trabajo de un agricultor han adquirido una dimensión misteriosa. Cada actividad es sólo un paso más hacia el renacimiento. De ahí que no existan deberes inútiles o banales. El Brahman de casta superior preferiría no renacer en absoluto, antes que como animal o casta superior en la misma comunidad. Él o ella podría alcanzar la verdadera iluminación y evitar renacer en la Tierra realizando suficientes buenas acciones. Este era el último nivel de sintonía, que requería siglos de reencarnación para alcanzarlo. Garantizaba que el brahmán gobernara con justicia, con intenciones nobles en la función de la sociedad. Esta era la genialidad del mecanismo de renacimiento y reparto. Proporcionaba servicios a todos los miembros de la sociedad, mantenía el orden civil y animaba a la gente a valorar su estatus social. En comparación con otras teorías de la época, esto permitió menos revueltas de las castas inferiores, lo que hizo que las castas superiores trataran a las inferiores de forma más justa. Otras civilizaciones experimentaron muchas más revueltas y, quizás, un trato aún peor de las clases bajas por parte de las altas.

El Buda nació en esta cultura, que tenía clases fijas, una estructura social estricta y una fuerte creencia en la iluminación. Las enseñanzas de Buda se inspiraron en esta visión social del mundo, que se basaba en el taoísmo. Recuerda de dónde proceden los principios del budismo tal y como los formuló Buda. Esta es la forma más directa de relacionar el budismo Soto con el propio Buda; manifiesta muchas de las creencias de la época en un conocido líder que impulsó esas mismas ideas.

Capítulo 2:

El Buda.

2.1 El contexto en el que vive Buda.

Aunque los rasgos religiosos asignados a Buda pueden verificarse en varias escrituras, su vida es en gran parte desconocida, como ocurre con muchas figuras religiosas. Los historiadores conocen su matrimonio, su reinado y los estudios que realizó en su camino hacia una vida que más tarde se definiría como budista. Sin embargo, la mayor parte de la información no puede ser verificada de forma independiente. Esto se debe a que cuando la fama de Buda creció, sus antecedentes fueron alterados a través de la transmisión de información y la alteración de su pasado para la enseñanza. Un último dato ayudará a contextualizar el budismo antes de entrar de lleno en los antecedentes de

Buda. Puede ser un reto entender por qué hay tantas sectas budistas y por qué tantos rituales chinos tienen tanto en común con el budismo desde una perspectiva occidental. Las distinciones entre todas estas religiones y sus formas de pensar son menores, pero son lo suficientemente distintas como para justificar varios nombres y líderes religiosos.

Es mucho más fácil observar las grietas y desacuerdos en la doctrina principal del cristianismo. Aunque no hubiera crecido como cristiano, era un requisito en las escuelas públicas educar la Tesis de los Noventa y Cinco y a Martín Lutero. Ha escuchado historias de la hija de Enrique VIII, Bloody Marry. Cada uno de estos ejemplos de aparente separación sectaria está lleno de enormes disparidades entre las personas y la teología de la iglesia. Las indulgencias, o la práctica de permitir que los pecados sean perdonados mediante el pago, fueron una fuente de disputa para Martín Lutero.

El Papa tenía la máxima influencia sobre la iglesia bajo el rey Enrique VIII. El rey no podía opinar porque quería separarse de su esposa, así que fundó su rama del cristianismo, la Iglesia de Inglaterra. Todos estos acontecimientos son fácilmente visibles, pero también están documentados desde diversas perspectivas. No hay duda de que Enrique VIII quería construir una nueva iglesia. No hay duda de las intenciones de Martín Lutero.

Esto se debe a la época en la que se produjeron estas principales escisiones. La mayoría tenían menos de 500 años, un breve período en la historia de una religión importante. Se registraron discrepancias y quedó claro qué era exacto y qué era incorrecto. Los argumentos y sus orígenes son evidentes, y las divisiones son fáciles de seguir. En el budismo sólo se puede encontrar una semblanza de tales divisiones.

Algunas personas destacadas introdujeron cambios significativos en la forma de practicar el budismo, pero ninguno de estos modificadores es tan elevado como los debates cristianos. Es fundamental entender la razón principal de esto: El budismo no estaba gobernado por ninguna autoridad central aparente. En diferentes partes del mundo, la práctica se realizaba de forma diferente, y cuando se juzgaba que eran necesarias pequeñas modificaciones, la figura sagrada solía abandonar el monasterio. Dado que estas modificaciones no tenían una importancia significativa para ningún organismo de control, se produjeron en muchos más casos de los que se registraron (durante la mayoría de los siglos).

La dinastía Han ejecutó a varios desertores budistas, aunque el número era insignificante comparado con las brutales batallas por el dogma religioso en el cristianismo. Nunca ha existido una autoridad gobernante tan implicada en la religión que pudiera controlar la doctrina y matar por desviaciones pequeñas o significativas. Las figuras destacadas viajaron para estudiar el budismo y volvieron a casa con una parte de sus enseñanzas. Son notables no sólo por ser los primeros de su clase, sino también por cambiar algunas creencias y costumbres. Estos cambios se hicieron con frecuencia en aras de la simplicidad, más que por un desacuerdo sustancial con la forma en que las autoridades religiosas manejaban un aspecto particular de la fe.

Al estudiar a Buda y las diferentes formas en que se han entendido sus enseñanzas, es crucial tener en cuenta este telón de fondo. Las diferencias serán sutiles, y muchas de ellas se producirán por casualidad, como el hecho de seguir mal una práctica o de malinterpretar un texto. Este espíritu del budismo sigue vivo hoy en día, siendo el budismo una religión que significa muchas cosas diferentes para muchas otras personas, todas las cuales son libres de practicar como quieran sin miedo a ser juzgadas por las autoridades eclesiásticas. Por eso hay tantos tipos diferentes de budismo entre los budistas.

Sólo en los monasterios conectados que se han comprometido a practicar de la misma manera se observará una verdadera coherencia. Aquí es donde las reglas de Soto están más sólidamente establecidas.

2.2 El Buda.

Si hay una característica de la vida de Buda en la que los expertos pueden estar de acuerdo, la mayoría de los estudiosos discrepan sobre la integridad histórica de la vida de Buda. A continuación se exponen la mayoría de los hechos en los que coinciden los expertos y las anécdotas más comunes sobre cómo vivió Buda su vida. Existen muchos puntos de desacuerdo, pero lo que importa son las enseñanzas aprendidas a través de El Buda, cómo afectaron al budismo y cómo esas ideas abordan temas comunes de la época y los condensan en un paquete más aceptable.

Buda se crió en el lujo y derrochó toda su vida mientras se preparaba para suceder a su padre, el rey Suddhodana, como monarca. Aunque uno de los temas de debate entre los estudiosos es el grado de prosperidad de Buda, a veces se presenta en términos de que poseía un palacio en tres regiones distintas. Cada una de ellas estaba destinada a ser una casa para una estación específica. Otras opiniones muy extendidas son discutibles, como la de si su principal cuidadora era su tía o su madre. Hay un dato que aparece en toda la literatura sobre Buda. Nació en medio del dinero, se crió en el lujo y se protegió del reino que estaba destinado a gobernar.

Todo el conocimiento de fondo de Buda se utiliza para apoyar esta historia. Se afirma que mientras se le preparaba como monarca, en realidad se le entrenaba para una vida de descanso y serenidad. Sólo tenía un conocimiento rudimentario de cómo funcionaba el país de su padre. Nunca conoció la angustia y la agonía de la gente que trabajaba para él, y nunca vio sus caras. Los tres palacios, cada uno destinado a una estación distinta, funcionaban según el mismo principio: el Buda nunca experimentaría agonía, miseria o malestar si el tiempo era terrible.

Se afirma que se casó con su prima cuando tenía dieciséis años, pero El Buda no se hizo responsable de sus actos. Él y su esposa tuvieron un hijo, pero el pequeño fue cuidado por sirvientes. A medida que El Buda crecía y su padre se acercaba a la muerte, seguía ignorando cómo funcionaba su país. No sabía nada de los sirvientes ni siquiera de las especialidades que distinguían a su reino. El Buda no se liberó de su mundo de lujo, de sus anteojeras al mundo exterior, hasta los veintinueve años. Quería ver los temas que permanecían ocultos dentro de los muros del palacio, a pesar de los deseos de su padre.

Buda se sorprendió cuando llegó por primera vez al mundo real, que estaba libre de dinero y de las exigencias de su padre. Se dio cuenta de que los empobrecidos buscaban comida a duras penas. Fue testigo de cómo los enfermos se las arreglaban para sobrevivir un día más. Vio a los ancianos, que eran esenciales y comunes. En esta etapa de su vida, Buda no tenía experiencia previa con los ancianos. Su padre estaba envejeciendo, pero no le afectaba de la misma manera que a un trabajador pobre de clase baja. Lo que observó Buda le dejó perplejo; no podía explicar ni comprender cómo alguien podía volverse tan frágil simplemente por el paso del tiempo. Uno de sus consejeros le explicó el concepto de la vejez y cómo el cuerpo se debilita a medida que se envejece. Todas las versiones de la vida de Buda incluyen una historia en la que éste se sorprende al ver a alguien de edad avanzada. Fue un momento decisivo para Buda, pero también profundiza en un precepto budista. Si Buda pudo pasar de asustarse al ver a un anciano a la plena iluminación en la Tierra, también puede hacerlo cualquier persona dispuesta a cambiar.

El origen de una persona no debería ser un factor determinante en su capacidad para prosperar más adelante en la vida. Sólo sirve como indicación de su posición inicial. La iluminación puede llegar a todo el mundo, incluso a aquellos que no se enfrentan a las preocupaciones fundamentales hasta que tienen más de treinta años, y a los que no comprenden las dificultades primarias como la pobreza, la enfermedad o incluso la vejez.

Cuando el Buda se dio cuenta del sufrimiento que se producía fuera de los muros de su palacio, empezó a visitar a la gente corriente con mayor regularidad. Estas excursiones se hicieron cada vez más largas fuera de los confines del establecimiento, consumiendo más de su tiempo. Hay discrepancias sobre la reacción del padre de Buda, pero no es un tema frecuente en las escrituras religiosas. Se puede suponer que esta parte de la vida de Buda, que fue en contra de los deseos de su padre, no es una parte significativa de las enseñanzas del budismo. Hay un argumento que he encontrado en los últimos años que intenta explicar por qué el padre de Buda pierde importancia en la historia de Buda después de su primera aparición.

El concepto es que el budismo y la búsqueda del propio camino es una responsabilidad personal y que es innecesario que el padre desempeñe un papel importante en la historia. Su papel en la crianza de Buda se volvió obsoleto y fue eliminado, sólo para ser resucitado por los expertos religiosos que buscan una cronología exacta de la vida de Buda.

Se supone que el Buda vio a dos personas que le sobresaltaron y le tranquilizaron en un viaje posterior. Se encontró con un hombre enfermo y anciano, así como con un asceta. Buda observó la buena salud de los dos primeros y, en comparación con el asceta, deseó seguir el camino de éste para evitar el destino de los dos hombres menos afortunados. En aquella época, y hoy en día en Bután y en el este de la India, un estilo de vida austero era relativamente común.

La idea es deshacerse de todos los antojos terrenales y vivir con lo mínimo necesario para sobrevivir como persona. Al hacerlo, sc rechaza el dolor de la humanidad y, al mismo tiempo, se evitan los placeres de la humanidad. Es lo mismo que elegir tomarse un descanso de la vida y sentarse al margen, contentándose con observar mientras te declaras fuera del juego. Se afirma que Buda se escabulló del palacio con la ayuda de uno de sus carros para huir de su vida en el palacio. Se trasladó a una zona situada a unas decenas de kilómetros de su casa con la ayuda de otras personas. Era un firme creyente en llevar una vida ascética y obtener riqueza únicamente a través de donaciones filantrópicas. Se sentaba a un lado del camino, viviendo su vida devota y comiendo las donaciones que otros le daban. No tardó en ser reconocido como hijo del rey y en regresar a su palacio.

Es en este punto donde las escrituras budistas y los relatos históricos comienzan a divergir más. Según las escrituras, el Buda volvió a abandonar el palacio casi rápidamente. Se le ofreció el trono del país de Magadha, pero lo rechazó. En su lugar, Buda dijo a los gobernantes actuales que viajaría a Magadha, que sería la primera ciudad que visitaría tras alcanzar la iluminación. Este período de la vida de Buda parece haber durado meses o años, según la historia. Aunque tenía treinta años, seguía bajo la rigurosa supervisión de su padre y se vio obligado a participar en la ascensión a un trono extranjero. Según los registros históricos, sólo consiguió huir con la ayuda de sirvientes, y su afirmación sobre la visita a Magadha después de alcanzar la iluminación se rechaza por completo. La escritura difiere de las fuentes históricas por varias razones: en primer lugar, resulta más lógico que Buda se marche justo después de regresar.

Si esta parte de la historia se conserva en las escrituras budistas, debe haber un propósito para regresar a casa, que es muy probable que sea de donde proviene la referencia a Magadha. En segundo lugar, el hecho de no poder salir de su palacio durante un tiempo prolongado inhibe su progreso hacia la iluminación. El gran Buda no empezó así, pero a medida que avanza la historia y se da cuenta del sufrimiento de los empobrecidos, un cambio de fortuna a largo plazo parecería fuera de lugar.

Fue un detalle vital para él limitarse a estar en el palacio el tiempo suficiente para hacer un comentario sobre dónde iría después de alcanzar la iluminación, informando al rey de que lo que su país necesitaba era la iluminación, no otro gobernante.

Buda aprendió a meditar con dos maestros después de abandonar el palacio para alcanzar la iluminación. Se especializaron en la meditación yóguica, que es la meditación que incorpora el yoga como base para la contemplación meditativa. Ambos maestros llegaron a ser importantes para los budistas con el paso del tiempo, pero parece poco probable que fueran maestros importantes en la región en torno a las lecciones de Buda. Tal y como los conocemos hoy, los nombres de los maestros fueron probablemente retomados de prominentes practicantes de meditación en la región de la época. Vivieron durante la vida de Buda, o cerca de ella, y por eso se incluyeron en el texto. Ambos eran ascetas o ermitaños.

Tenían poco contacto con el mundo exterior y preferían dedicar su tiempo a educar a otros sobre la meditación y a buscar la iluminación. Alara Kalama, uno de los profesores, rogó a Buda que le sucediera. A Buda le pareció una mala idea, así que pasó a su segundo maestro, Udaka Rampaputta.

Udaka, al igual que el primer maestro, invitó a Buda a que le sucediera. Buda volvió a declinar, alegando que no estaba satisfecho con todo lo que había aprendido y que necesitaba seguir adelante. Aunque se desconocen las identidades de los maestros, se cree que Buda fue alumno de cada uno de ellos y que cada uno invitó a Buda a convertirse en maestro. Al describir la sorprendente capacidad de estudio de Buda y su tranquilidad cuando meditaba, los registros históricos y las escrituras budistas coinciden una vez más.

Según una teoría, ninguno de los dos instructores invitó a Buda a tomar el relevo; más bien, esta parte de la historia surgió del deseo de demostrar que existían ideas mejores que las de los ascetas ordinarios. Esta es una interpretación razonable, pero yo creo que ambos instructores pidieron a Buda que asumiera sus enseñanzas, aunque no fueran los conocidos maestros que hoy asociamos con la narración.

Buda visitó la región con un grupo de cinco amigos tras dejar a sus instructores. Kaudinya, que probablemente comandaba la banda en ese momento, era el más significativo de todos ellos. Kaudinya, el más devoto de los seguidores de Buda, se convertiría posteriormente en una figura importante del budismo. También es el primero en alcanzar el estatus de arhat, o de alguien que ha alcanzado el nirvana. El grupo profundizó cada vez más en la vida austera durante esta época. Llegaron a representar la palabra en términos extremos, restringiendo cada uno su ingesta de alimentos hasta el punto de pasar hambre. Siguieron adelante a pesar de que funcionaban con muy poca energía.

Durante este periodo de su vida, se supone que Buda sólo comía una hoja y una nuez al día. No está claro cuánto duró este periodo de la vida de Buda, pero las estimaciones oscilan entre unos pocos meses y tres o cinco años. Esto se basa en el hecho de que numerosos relatos de esta época implican a un Buda joven o a Kaudinya. El objetivo del riguroso ascetismo de Buda era aclarar su mente y la de sus amigos. Gran parte de lo que Buda había hecho hasta ese momento se había centrado en aclarar la mente mediante la limpieza física. De ahí surgió la meditación yóguica y el rechazo de cualquier indicio de la anterior afluencia de Buda.

El Buda falleció mientras ayunaba, viajaba por el campo y buscaba la iluminación. Se despertó cerca de un río, siendo atendido por una joven que le había dado comida. Cabe destacar que la comida que le sirvieron no era ni la más básica ni la más lujosa. Le dieron de comer una crema azucarada y espesa. Sus pensamientos se dirigieron a un recuerdo de ver a su padre antes del comienzo de una temporada agrícola mientras descansaba en los brazos de su salvador junto al río.

Alcanzó el jhana, o un estado de conciencia en el que su mente estaba en blanco mientras pensaba en el pasado. Anteriormente había logrado un estado de meditación, pero nunca había sido tan sencillo. Había una diferencia significativa entre cómo consiguió este insight y cómo lo consiguió; estaba alimentado, estaba en los brazos de otro, estaba rodeado de agua fluyendo, y aún así consiguió pensar con claridad. ¿Cómo es que pudo lograr tal brillantez mientras se alejaba tanto del camino del ascetismo? Este es un momento crucial en la vida de Buda, ya que pasa de ser un seguidor y alumno a alcanzar la verdadera iluminación y convertirse en el verdadero "Buda".

Los acontecimientos que ocurrieron cuando Buda se desplomó en el río tienen muy poco contra texto. Algunas investigaciones sugieren que esta narración es totalmente falsa, aunque es difícil saberlo con seguridad porque la historia se ha repetido numerosas veces y se ha citado en múltiples textos. Se ha expandido tanto con el budismo y la idea de Buda que determinar qué partes son auténticas y cuáles no es bastante difícil.

Lo que resulta fascinante es la eficacia con la que esta anécdota apoya el mensaje de Buda y del budismo.

Observamos a un hombre que intenta alcanzar la iluminación mediante el hambre, privando a su cuerpo de todo placer y comodidad. Cuando se le da alimento, afecto humano y la tranquilidad del agua corriente, de repente logra el proceso cognitivo que había estado persiguiendo. Esto tiene mucho sentido en términos de la historia budista y de dónde viene el nirvana. No es específico de una clase y puede aplicarse a las masas.

Tanto si eres rico como si eres pobre, las actividades que realizas a diario no influyen en tu capacidad para alcanzar el espiritualismo. Esto se considera principalmente un factor crucial en la adopción del budismo zen por parte de Japón. Las empresas pudieron adoptar estos principios sin tener que pensar en cómo podrían afectar a los trabajadores de clase baja.

Tuvo un efecto similar en todos, y como resultado, esta religión igualitaria se impuso en muchas empresas y podía ser empleada por casi todo el mundo.

El sacrificio de Buda y su percepción de que el ascetismo puro no es el camino hacia la iluminación dieron origen al "método intermedio". Entre obsesionarse con los bienes y placeres mundanos y privarse por completo de todo lo que ofrece alegría, hay una ruta. Buda ha llegado a simbolizar el sentido del equilibrio. Participar en los acontecimientos sin excederse; sacrificarse sin perjudicarse. Ambos conceptos eran desconocidos en la región, al menos en este caso.

En la sociedad, había conceptos estables de un camino intermedio. Se cree que muchas de las ideas que desarrollaron el budismo se basan en esta parte del taoísmo y en cómo afectó a la sociedad. Había una demanda de personas de clase baja, al igual que de brahmanes. Sólo a través de la cooperación de ambos se podía domar la sociedad. Los puntos significativos del "camino medio" de Buda están todos incluidos en esta abstracción. Simplemente estamos sustituyendo al individuo por la sociedad en su conjunto.

Seguir el camino del medio y permitir la existencia tanto de los ricos como de los indigentes es el camino hacia la iluminación de la sociedad. Aceptar los placeres y los dolores de la vida es el camino de la iluminación para un individuo. Buda fue la primera persona que agrupó la moral social en clases como una forma de pensar para los individuos.

Más allá del cauce del río, los detalles comienzan a divergir de forma dramática. Algunos escritos budistas, así como las fuentes históricas, son discutidos. El viaje hacia el camino del medio después de obtener la leche de la muchacha en el río en el budismo Soto se basa en las historias más famosas de Buda, el árbol pipal. Se sentó bajo el árbol pipal, hoy conocido como el Árbol Bodhi en Bodh Gaya, India, después de recibir el sustento de la muchacha.

Declaró que no se alejaría del árbol hasta alcanzar la iluminación definitiva. Esta idea de permanecer en un lugar puede parecer contraria a un estilo de vida ascético. Sin embargo, el argumento aquí es el alimento que podía obtener de la región circundante, así como la sombra que ofrecía el árbol. Se trataba de un lujo suficiente que demostraba la voluntad de Buda de vivir con incomodidad y sin los lujos que había disfrutado anteriormente. Buda fue dejado sentado bajo el árbol por Kaundinya y sus cuatro compañeros. Le dejaron porque se había vuelto indisciplinado a sus ojos. Su vida, de repente, no estaba en el mismo estado de ascetismo que unas semanas antes.

El papel de Buda en la fiesta se pondría en peligro a raíz de su encuentro con la chica en el río. Esta sección de la historia ilustra la forma de pensar del pasado en comparación con el budismo de la época. La creencia era que la única manera de vivir una vida devota era desprenderse por completo de los placeres mundanos, e incluso la más mínima transgresión de esto resultaría en la disolución de su fiesta.

Buda se sentó bajo el árbol Bodhi durante 49 días antes de alcanzar la iluminación. La narración de Buda adopta diversas formas según el texto y el contexto religioso. La cuestión no es si la afirmación de la iluminación es cierta, sino qué tipo de iluminación alcanzó Buda. Para sus contemporáneos, significaba casi definitivamente que Buda había roto el ciclo de renacimiento y ya no sería enviado de vuelta a la Tierra como humano o animal.

Otros lo vieron como el descubrimiento de las cuatro nobles verdades y la revelación de la desnudez de la mente. En el budismo Soto, creemos que Buda alcanzó el Nirvana, que se liberó instantáneamente de las pasiones que han afligido a la humanidad durante milenios. No era envidioso, ni enfurecido, ni vengativo, ni estúpido. Fue también durante este período que El Buda recibió su nombre.

Antes de esta coyuntura crucial, se le conocía como Siddhartha Gautama, pero nunca se le llamó El Buda. Buda reflexionó sobre si debía o no compartir su camino hacia la iluminación con los demás. Al mismo tiempo, creía que habría muy pocas personas que comprenderían y serían capaces de descubrir el camino del medio, y observó tanta ignorancia y odio en el mundo que se sintió obligado a propagar sus nuevas creencias. Según la leyenda, Brahma Sahampati le convenció para que enseñara a los demás cómo había llegado a la iluminación. Le cautivó la perspectiva de que unas pocas personas entendieran el material y marcaran una diferencia suficiente en el mundo como para justificar su enseñanza.

Mientras estaba sentado bajo el árbol Bodhi, Buda viajó para reunirse con sus cinco antiguos colegas que le habían despedido. En el camino se encontró con dos vendedores. Se convirtieron en alumnos de Buda tras quedar cautivados por su forma de ser y su tranquilidad. Fueron los dos primeros en seguirle y estaban con él cuando llegó a Benarés. Aquí se reunió con sus compañeros, les explicó lo que había sucedido bajo el árbol Bodhi y les enseñó cómo alcanzar la iluminación.

El Buda estableció la "Rueda del Dharma", o cómo guiar en el noble camino hacia la iluminación, educando a sus amigos bajo su primer sermón planificado. El número de sus alumnos creció rápidamente y se formó la primera sangha (una reunión budista donde los budistas meditan y enseñan). Es difícil obtener registros históricos de este periodo de la vida de Buda. El movimiento que se relata en innumerables escritos budistas no tiene forma de demostrar que se produjo en un número tan elevado.

El número de discípulos varía significativamente entre las fuentes. Y lo que es más importante, los discípulos de los seguidores de Buda son cada vez más confusos a medida que avanza la historia. Lo que sí es cierto es que la iluminación de

Buda bajo el árbol Bodhi se extendió por la región como un reguero de pólvora.

Esta es la razón principal por la que tanta gente se interesó por el budismo. El concepto de renacimiento era popular en la época, gracias al taoísmo y otras tradiciones. Era posible evitar el renacimiento, la posición más alta de un ser mortal, realizando buenas acciones durante la vida. La idea de que esa iluminación pudiera alcanzarse estando aún en la Tierra era revolucionaria. Aunque es probable que haya habido algunas luchas internas entre los seguidores de Buda, los registros históricos reflejan pocas disensiones. Esto se basa en el número de discípulos que cada uno de los principales discípulos de Buda terminó cuidando.

Las discrepancias en cuanto a los discípulos se deben probablemente a distinciones académicas. Aun así, el hecho es que un gran número de individuos se agolpó en torno a Buda y sus seguidores en el momento de su vida en que perseguía el árbol Bodhi. Permanece en la zona durante unos años antes de trasladarse a otras partes del mundo para promover sus creencias.

Buda estaba ansioso por ver a sus antiguos maestros de meditación, pero ambos habían fallecido cuando alcanzó la iluminación. Esta sección de la vida de Buda no está bien documentada, y se utiliza con frecuencia para argumentar que los maestros no eran los afamados Kalama y Rampautta. Lo más probable es que sus antiguos maestros fueran buscados, pero no por el propio Buda, o al menos no en el período inmediatamente posterior a su iluminación bajo el árbol Bodhi.

Se alega que las muertes de sus instructores fueron demasiado razonables y que los nombres de los maestros se utilizaron para dar a Buda influencia en la época. Con la información de que dos conocidos maestros de meditación habían entrenado a Buda, éste tendría inmediatamente más influencia y atraería el gran número de estudiantes que tuvo.

El resto de la vida de Buda se conserva en las escrituras religiosas, así como el conocido relato de las relaciones de Buda con su padre y su familia. Recorrió la región difundiendo su mensaje de iluminación. Predicó que la iluminación llevaría a uno a comprender las cuatro nobles verdades que la gente ya había buscado, y utilizó las cuatro nobles verdades establecidas como mediadoras de su mensaje. Era un mensaje excelente que funcionaba en conjunto con las creencias existentes en la zona. De este modo, el Buda no era intrusivo; sus enseñanzas sólo reforzaban una religión, no la socavaban. Aunque la mayoría de las creencias de la época no se clasificaban como religiones, el concepto de verdades puras por encima de la humanidad, provocadas por un bien desconocido, sin duda puede calificarse de religión.

Cabe destacar que el único momento en el que Buda no viajaba era durante la estación de los monzones. La gente viajaba para ver a Buda durante la estación húmeda, cuando se instalaba durante tres meses al año, pero él permanecía inmóvil. Se cree que permanecer en un lugar durante un cuarto de año dotó a su mensaje de mucho más significado, cimentándolo en la región.

Tuvo una voz importante al visitar muchos lugares, pero permanecer en un lugar durante un cuarto de año dotó a su mensaje de mucho más significado, cimentándolo en la región. Este componente de la expansión del budismo debido a la influencia de los monzones es un área de estudio relativamente reciente. En mi opinión, es un elemento no esencial pero apasionante de la historia de Buda.

La eliminación de su linaje familiar y su posición como monarca del reino de su padre fue el último acontecimiento importante en la vida de Buda. Cuando el padre de Buda se dio cuenta de lo que le había sucedido a su hijo, de la iluminación que parecía haber alcanzado, envió mensajeros para que le enviaran un mensaje a Buda, pidiéndole que volviera a casa. Según la leyenda, el monarca debía enviar diez mensajeros en total. Los nueve primeros nunca encontraron a Buda, pero se dejaron influir por sus enseñanzas y su mensaje. En lugar de transmitir el mensaje del padre, se convirtieron en discípulos y compartieron el mensaje de Buda. El noveno mensajero llegó a Buda y le transmitió el mensaje del padre. Se afirma que el décimo mensajero fue el compañero de toda la vida de Buda, alguien a quien había criado desde la infancia.

El amigo era acomodado y estaba sorprendido por Buda y su nueva forma de vida. El compañero se convertiría posteriormente en estudiante y propagaría las enseñanzas de Buda, pero eso llevaría varios años. El Buda regresó al reino de su padre después de recibir el mensaje. El padre pidió que el Buda volviera a desempeñar un papel gobernante, informándole sobre su línea de sangre y cómo sigue el camino del guerrero. Esto fue diseñado para sacudir al Buda, para recordarle que su actual camino de vida no es el que sus antepasados habrían elegido.

El Buda responde disputando la genealogía de su padre y afirmando que su linaje siempre ha buscado la iluminación. Esta es la última gran fractura de Buda, y le separa definitivamente de su familia. Otros miembros de la familia de Buda intentaron acompañarle en este viaje, pero él declinó, prefiriendo no ganar nada de su vida anterior. La idea de que Buda ha renacido surgió a raíz de su conversación con su padre. El Buda no nació como tal, sino que se convirtió en un pensador iluminado a lo largo del tiempo. Su sangre se alteró desde el momento en que nació, transformándolo en alguien completamente diferente.

Este relato final de Buda es difícil de corroborar históricamente. Se cree que volvió a casa para hablar con su padre y que la conversación terminó con el Buda continuando su camino actual.

La idea del Buda resucitado que surge de este diálogo es fascinante. Declara que no es del mismo linaje que su padre en un acto de desafío y para distanciarse de él.

Esto apoya la creencia generalizada de que Buda es un ser eterno que cabalga en el cuerpo humano y no un ser mortal. Este incidente tiene mucho significado para los discípulos de Buda como signo de exclamación final en su vida.

Afirma su deseo de vivir una vida desprovista de lujos y que su camino actual es más gozoso que el dinero que podría reclamar fácilmente. Inculca a sus seguidores la mística de Buda, su determinación y la creencia de que estaba en el único camino verdadero cuando se toma en el contexto de que rechazó la oferta de su padre incluso después de años de vivir como un hombre pobre.

2.3 El Buda y el Soto.

Como budista Soto, tienes una visión específica de la vida de Buda. Nada de lo que has leído hasta ahora debería sorprenderte si ya eres un budista zen. Si no lo eres; si eres un investigador o simplemente tienes curiosidad por el budismo zen, aquí es donde me gustaría explicar cómo encaja la historia de Buda en nuestro sistema de creencias. Los antecedentes históricos del Soto Zen y cómo llegó a Japón continuarán en el siguiente capítulo.

Como practicante del Soto Zen, creo que Buda reside dentro de todos y cada uno de los seres humanos. Una parte de nuestra alma anhela la iluminación, y con la meditación y el estudio, podemos despertar esta parte de nosotros mismos. También creo que la meditación zazen puede ayudar a realizar la alegría de Buda y que los principios de Buda deben seguirse todos los días.

El Soto Zen no es una fe a tiempo parcial; es un cambio completo de estilo de vida. Implica ver todo a través de la lente de que los seres humanos nacen con una bondad inherente y luchan por descubrirla. Implica estar dispuesto a enseñar la meditación zazen a cualquiera que esté interesado.

Por último, significa extender las bendiciones de Buda a todas las personas que conozcas, sabiendo que están a sólo unos pasos de la iluminación y la felicidad; todo el mundo puede cambiar, y todos tenemos el poder de encontrar a Buda dentro de nosotros mismos.

Capítulo 3:

Soto en Japón y en el presente.

3.1 Dos formas de budismo Chan: Dogen y Zazen.

El Soto Zen se asemeja más al Budismo Chan tras la muerte de Buda. Su filosofía fue modificada varias veces durante décadas y siglos. Sin embargo, el budismo Chan, concretamente la escuela Caodong, que Dogen viajó a China y trajo consigo el Soto Zen. Dogen se trasladó a China cuando era joven en busca de la iluminación en los templos Chan.

El objetivo original de Dogen era establecer una escuela que sirviera para lo mismo que la escuela Caodong de China. Practicaban lo que ahora se conoce como Soto chino, que es similar al Soto japonés moderno en muchos aspectos.

En 1227, Dogen llegó a Japón e inmediatamente comenzó a escribir los preceptos de zazen. Aunque el zazen era importante en el Soto chino, desempeñaría un papel mucho más importante en el Soto japonés. Se pensaba que era el punto de partida para localizar a Buda. Dogen proporcionó directrices paso a paso para alcanzar la felicidad a través de la meditación zazen. Sus instrucciones no se difundieron ampliamente, pero el concepto del Soto japonés se solidificó en esta época.

Otras creencias importantes del Soto Zen, como la falta de materiales de meditación, la necesidad de practicar todos los días y la creencia de que todo el mundo tiene a Buda en su interior, estaban muy extendidas en Japón en esta época. Estos preceptos fueron respaldados por la mayoría de los primeros líderes budistas en Japón, y encontraron su camino en el Soto Zen en los años posteriores al regreso de Dogen.

Dogen se vio presionado por sus enseñanzas de zazen. Los monjes Enryaku-Ji representaban a las comunidades entre las que se encontraba en Japón, y la idea de obtener la iluminación a través de la mediación con este método no les resultaba atractiva. Cuando el budismo se encontraba en Bután, pudo mezclarse principalmente con las religiones y creencias culturales, pero esto cambió con la llegada del Soto a Japón. Tuvo que luchar con las religiones y puntos de vista intelectuales japoneses ya establecidos y con otros que habían regresado de China con diversas variedades de budismo.

Uno de los deberes más importantes de Dogen fue el de ser un importante portador de las enseñanzas del koan traídas de China en los escritos. Mediante la formulación de preguntas, la tradición del koan busca la comprensión. Fue uno de los primeros rasgos distintivos de la difusión del Soto Zen en Japón. El Soto Zen se encontró con un riesgo aún mayor de reacción por parte de las comunidades tras diferenciarse notablemente en los textos que evangelizaban el koan.

Dogen trasladó su monasterio al norte de Kioto para poder practicar en paz. Su monasterio floreció a un ritmo decente, pero el Zen Soto estaba lejos de ser la filosofía dominante en Japón en ese momento. Dogen murió después de traer el Soto de vuelta a Japón y transmitir su experiencia a un aprendiz que continuaría la tradición durante las siguientes décadas.

Durante el tiempo que Dogen estuvo al frente del Soto Zen, éste se adhirió principalmente a las enseñanzas chinas del Soto. No fue necesario realizar cambios, ya que, aunque había animosidad contra los nuevos seguidores, no era del tipo de rabia que amenazaría a los posteriores discípulos del Soto Zen.

3.2 Encontrar la autoridad, el confucianismo y el keizan.

Durante décadas, Keizan fue considerado el conducto a través del cual el Soto fue transportado de China a Japón. Si bien es comúnmente conocido que Dogen trajo de vuelta los textos y las costumbres más importantes, a Keizan se le concedió esta distinción debido a la necesidad de encontrar una figura de autoridad en medio del caos de ideas que estaba arrasando Japón. Mientras que Dogen pudo retirarse a un monasterio al norte de Kioto, Keizan se enfrentó a factores mucho más cruciales e inevitables. Muchas de las creencias del budismo Rinzai eran similares a las del budismo Zen, pero había algunas diferencias en los textos koan esenciales.

El shogun favoreció el punto de vista del budismo Rinzai, al que se le dio prioridad sobre el Soto. Esto imposibilitó la propagación de sus ideas y confirmó la importancia de los textos koan para el Soto. La respuesta del Soto aseguró que la seguridad de sus tradiciones sería aún más esencial frente a la adversidad. El Soto se vio aún más amenazado tras la muerte de Keizan como resultado del crecimiento de otros puntos de vista en la región.

En el Soto Zen, el nombre de Keizan se utilizó como figura de autoridad. Este término se dio para proteger y reunir a las diversas escuelas que practicaban las escrituras de zazen escritas por Dogen. A menudo se acreditó a Keizan como el fundador del Soto Zen durante esta época, aproximadamente entre 1350 y 1650. Fue una percepción errónea causada por la presión que se ejerció sobre el Soto Zen. Keizan fue la última figura significativa que vivió antes de los puntos de vista opuestos en Japón, y se le buscó como figura de autoridad.

El Soto Zen fue más vulnerable desde finales del siglo XV hasta finales del siglo XIX. El gobierno japonés mantenía un estricto control sobre las enseñanzas de Dogen y Keizan. El neoconfucianismo había crecido en popularidad, disminuyendo la influencia del budismo y varios adherentes. Debido a que la autoridad central consideraba que el neoconfucianismo ayudaba a mantener el orden social en esta época, la práctica budista en todas sus formas fue severamente restringida.

El uso de textos koan en el budismo Soto es una diferencia significativa entre éste y el budismo Rinzai.

Durante esta época, el empleo de los textos koan disminuyó drásticamente. Esto ocurrió porque los gobernantes de Japón deseaban una única versión del budismo en todo el país. Dado que el Rinzai era el estilo más popular de la época, sus creencias se impusieron a la escuela Soto.

Esto provocó la indignación de los devotos del Soto Zen, y la autoridad de las escrituras aumentó en esta época. Los textos se convirtieron en la nueva autoridad, al igual que lo hizo Kaizen años atrás cuando adquirió mayor protagonismo como figura de autoridad. Los koans de Dogen, que había traído décadas atrás, recibieron un nuevo significado como símbolos del Soto Zen y su estatus en Japón. Se les dio el valor de ser textos inmortales, o textos auténticos, lo que los hizo más importantes de lo que habían sido antes. En un principio, se veneraron no por su contenido, sino por lo que llegaron a significar.

Dentro de las escuelas Soto Zen, había muchas disputas, ya que se buscaba un sentimiento de autoridad desde hacía mucho tiempo. Mientras que el desacuerdo sobre el significado de los textos koan era mínimo, los escritos de Dogen estaban abiertos a múltiples interpretaciones. El Shobo Genzo, su obra emblemática, provocó una disputa entre los académicos Soto. Según los estándares actuales, las diferencias eran insignificantes.

Las interpretaciones eran esencialmente idénticas cuando se veían desde un punto de vista cristiano. Los desacuerdos por los que no vale la pena luchar incluyen la posición de meditación adecuada, el proceso mental durante la meditación y otros detalles menores. Sin embargo, durante este período de persecución Soto, cada diferencia se convirtió en una fuente de disputa. Si toda la fe estuviera bajo ataque, los seguidores más eruditos del Soto Zen cavarían profundas trincheras, negándose a renunciar a sus interpretaciones de las escrituras de Dogen. A medida que la popularidad del Soto Zen se expandía al final de este período, las luchas internas entre los seguidores se convirtieron en un período de temor a la toma de posesión radical. Se prohibió la reproducción del Shobo Genzo de Dogen cuando algunos discípulos del Soto Zen ascendieron a puestos gubernamentales.

La premisa era que si los radicales descubrían el documento e interpretaban las enseñanzas de Dogen de forma diferente, toda la fe Soto Zen estaría en peligro. Para una fe que había estado asediada durante 400 años, lo último que quería hacer cualquier discípulo en una posición de poder era volver a poner el Soto Zen en peligro. No hubo extremismo, y las enseñanzas básicas del Soto Zen continuaron expandiéndose por toda la región. Los principios de los textos koan se mantuvieron en la religión, y los novatos del Soto Zen se basaron en ellos.

3.3 Restauración de Meijing.

Japón sufrió mucho a principios del siglo XX. El sistema feudal de Japón llegó a su fin durante el periodo Meiji. Las ideas y métodos occidentales comenzaron a infiltrarse en el país, presionando para que todo se estandarizara. Aunque se permitió que el budismo continuara, fue estrictamente regulado por el gobierno. El sintoísmo se convirtió en la religión del Estado. La relación del budismo con el gobierno se deterioró, y el budismo acabó por respaldar el nacionalismo radical que arrasaba en Japón. Apoyarían una guerra con China y Rusia. El nacionalismo tomaría el control durante unos cincuenta años en las tradiciones budistas Soto y Rinzai.

A medida que el mundo occidental influía más en Japón, existía la ansiedad de que el zen se perdiera por las influencias occidentales. Esta ansiedad provenía principalmente del desarrollo de los programas misioneros occidentales. Sin embargo fue también resultado de la tecnología que se abría paso en Japón, que hasta entonces había estado aislado. Mientras Japón estaba aislado del resto del mundo, los avances tecnológicos ponían en peligro el pensamiento religioso. Esta preocupación se basaba en la suposición de que si la tecnología avanzaba, las religiones occidentales harían lo mismo.

Esto lleva a la conclusión de que si la tecnología japonesa puede ser sustituida, los conceptos japoneses también. Entre los dirigentes Soto existía otra perspectiva sobre la llegada del mundo occidental. Algunos lo consideraban una oportunidad para contrarrestar las ideas occidentales con lo que se había convertido en una cultura exclusivamente japonesa. El budismo podía utilizarse para "suavizar" las ideas occidentales de modo que fueran más accesibles para los japoneses. Los líderes de Soto de la época creían que el budismo podía ayudar a Japón a ganar y mantener su identidad.

En esta época, la memoria de Dogen recobró mucha popularidad. Dogen era la herramienta ideal para cualquiera que deseara conectar con el pasado de Japón, ya que buscaba la perspectiva histórica para descubrir lo "japonés" en el budismo. Dogen se empleó como medio para asegurar la financiación de los monasterios Soto a nivel práctico. Las obras de Dogen estaban inscritas en la historia, y apoyarse en su obra anterior era un método para mantenerse vivo en un Japón cambiante. La imagen de Dogen se colgó en los monasterios y su nombre se mencionó mucho más durante el reinado de Soto. Esta amistad entre Dogen y Soto se mantuvo hasta el final de la Segunda Guerra Mundial.

Japón buscaba una identidad nacional, y Dogen y el budismo proporcionaban un sentido de pertenencia a cada uno de sus adeptos. Esto benefició tanto a los líderes de Soto como a la élite política que quería promover el nacionalismo. Los budistas constituyeron un gran porcentaje de los soldados japoneses que murieron en la Segunda Guerra Mundial. Esto se considera ahora una tragedia. El uso pervertido de las ideas para fomentar una forma de pensar violenta. Los actuales dirigentes de Soto recuerdan este periodo con desdén y tristeza.

3.4 Luego se extendió al resto del mundo.

El Soto Zen se hizo popular en el mundo occidental durante el siglo XX. Los escritos de Shunryu Suzuki fueron los principales responsables de ello. "Mente zen, mente de principiante" se convirtió en un conocido manual de filosofía zen. Cuando llegó a los Estados Unidos, descubrió que en San Francisco sólo había un templo Soto.

Desde su viaje, la publicación de su libro y los treinta años siguientes, se han construido cientos de templos en la zona de San Francisco. Su libro fue generalmente alabado por ser sencillo de comprender y por ayudar a calificar el budismo de una manera que podía aplicarse a la vida de cualquier persona. No se consideraba una práctica que requiriera vivir en un monasterio, sino más bien como algo que cualquiera podía hacer si se lo proponía.

Este precepto esencial del Soto Zen, de vivir cada día con los valores budistas y las normas Soto, se hizo inmensamente popular en la cultura popular occidental. En realidad, Shunryu Suzuki es el culpable de cualquier concepción preconcebida que se pueda tener sobre el budismo, la práctica o las túnicas. Aunque no representó todas estas ideas, su libro fue la primera obra significativa que se abrió paso y llegó a la conciencia pública.

También es imposible negar que la reconstrucción de Japón tras la Segunda Guerra Mundial contribuyó a la difusión del Soto Zen. En el estudio de Japón existía una contradicción esencial que despertaba el interés de muchos investigadores occidentales: localizar la religión de Japón. Tras la Segunda Guerra Mundial, esto resultó ser extremadamente difícil de escribir.

Crear una imagen precisa de la difusión de las ideas religiosas a través de Japón se consideraba, en el mejor de los casos, un reto. Varias empresas de Japón adoptaron el Soto Zen en las décadas de 1950, 1960 y 1970. Si bien la investigación sobre cómo se utilizó y adoptó el budismo proporcionó una imagen más clara de la transición religiosa en toda la región, esto por sí solo ofrecía poca ayuda para comprender la religión en Japón. Gracias al estudio del Soto Zen en las empresas, la premisa de la expansión de la religión a través de la necesidad social se convirtió en una piedra angular de las culturas orientales. Se utilizó para fomentar la unión de los empleados, mantener la tranquilidad en la oficina y fomentar la superación personal.

La Asociación Budista Soto Zen fue fundada en 1996. No pretende ser la última palabra sobre las figuras de autoridad del Soto Zen, pero se ha convertido en una piedra angular en la práctica. Suele considerarse como la figura de autoridad del Soto Zen occidental. La organización trabaja con occidentales para enseñarles el Soto Zen y calificarlos como maestros en diversas capacidades.

Si quieres estudiar el Soto Zen en serio, probablemente encontrarás un profesor a través de la Asociación Budista Soto Zen. Aproximadamente el 80% de los budistas Soto Zen del mundo están afiliados a la organización desde 2014.

Capítulo 4:

Cómo la meditación entra en acción.

4.1 Introducción.

La práctica de la meditación sin objetos es un principio central del budismo Soto. Se trata de que la mente esté sola en el pensamiento, sin la ayuda de la música, las baratijas en la mano o la dependencia de la compañía de otras personas. Aunque es posible practicar en grupos grandes, esto es una opción más que una obligación. No es necesario haber practicado previamente ningún tipo de meditación para iniciar el camino hacia este tipo de meditación.

Si tienes la determinación y el deseo de aprender, es sencillo de lograr. Antes de empezar, es esencial hablar de lo que el budismo Soto no valora: abordar cuestiones sobre la vida a través de la mediación. Para los budistas Soto, la meditación es un proceso de flujo de conciencia. Hay muchas preguntas que uno se hace en otras técnicas de mediación. Se plantean preguntas sobre el futuro, su lugar en el mundo y la habitación en la que se encuentran. Estas preguntas se consideran herramientas para alcanzar la iluminación. Sólo que no se emplean en el budismo Soto como herramienta o recurso.

Puede ser difícil romper el hábito de utilizar estas enormes preguntas para desencadenar un reflejo en el cerebro si se ha practicado la meditación con ellas. También debes evitar tomar clases en una sala amplia. Aunque está absolutamente bien meditar en una sala con muchas otras personas, seguir las instrucciones de un solo guía, o líder de la sesión, no lo es. Esto también se considera una herramienta y no se utiliza en la meditación.

Cuando se eliminan estas partes de la meditación, te quedas con un tipo de meditación directa que se centra en el yo. Tendrás que ser capaz de entrar en un proceso de pensamiento de flujo de conciencia y cerrar los motivadores de esos pensamientos de conciencia para obtener el impacto deseado. El objetivo es tener una mente clara, libre de ideas. Debería sentirse como un sueño cuando está despierto, pero en última instancia será diferente a cualquier cosa que haya experimentado.

En primer lugar, debes colocarte en una posición cómoda. Mucha gente lo hace sentándose con las piernas cruzadas en el suelo, pero no hay ninguna ley que establezca que ésta sea la única manera de hacerlo. La posición de loto es requerida por la doctrina estándar, pero este requisito es frecuentemente ignorado, especialmente por los recién llegados. La meditación Soto puede realizarse en cualquier lugar que no requiera toda su atención, como la cama, el suelo o la silla.

La iluminación de su espacio preferido sólo necesita no distraer, pero cualquier cantidad de luz con la que se sienta cómodo está bien. Debes vestirte con un atuendo que sea relajante y cómodo, pero que no sea excesivo. Piensa en lo que te pondrías para ir a trabajar un viernes informal y no en lo que te pondrías antes de acostarte. Puedes pasar al siguiente paso de entrar en tu estado de meditación si has cumplido estos requisitos.

Cierra los ojos y concéntrate en tu respiración. El objetivo de este ejercicio es desprenderse por completo de todos los objetos de la habitación. También implica apartarse por completo de cualquier consideración de los asuntos más importantes de tu vida. Intentas concentrarte únicamente en el momento presente. Como se trata de un cambio tan difícil de hacer, siempre se recomienda empezar por la respiración. Debes evitar contar tus respiraciones o preocuparte por el tiempo que ha pasado mientras te concentras en tu respiración.

Los pensamientos relacionados con tus pulmones y el aire que entra y sale de tu cuerpo deben tener prioridad sobre tus extremidades. Inhala por la nariz y exhala por la boca, concentrándote en los músculos del pecho.

Tu cerebro comenzará a luchar contra cualquier cosa fascinante que hacer poco después de mantener una respiración controlada, especialmente si eres nuevo en la meditación. Tu cerebro ha sido condicionado a estar distraído durante la mayor parte de tus horas de vigilia. Se distrae continuamente con el pasado y el futuro, desde el smartphone hasta el calendario, pasando por la preocupación por lo que ocurre en casa o en el trabajo.

Tu mente empezará a vagar por pensamientos futuros inicialmente. Pensarás en qué hacer con tu pareja el fin de semana o en cómo preparar una futura reunión. Esto es todavía el comienzo de la meditación, y salir de ella requerirá mucha práctica. La única manera de detener esta corriente de pensamiento es concentrarse en la respiración y en los músculos del pecho. Es algo terrible, pero no hay otra opción.

Normalmente, no podrás salir del pensamiento sobre tu futuro en tu primera sesión.

El siguiente reto con el que se encontrará es el de recordar su pasado. Esta línea de pensamiento puede producirse cuando estás contemplando tus planes o estar relacionada con un asunto totalmente diferente. Cuando realizaba la meditación, me resultaba bastante difícil liberarme de los pensamientos sobre mi pasado. Es el momento de centrarte en tu respiración y adentrarte un poco más en el momento presente. Observa lo que llevas puesto, la textura de tus pies y cómo el sol calienta tu piel. Todos estos sentimientos son positivos, pero también funciona en situaciones menos agradables.

Concéntrate en la temperatura de tu piel, en la sangre que fluye hacia tu núcleo para calentarte si estás meditando en una habitación fría. Cualquier corriente de pensamiento que te aleje del pasado puede utilizarse en tu beneficio. Todos tus pensamientos deben centrarse en el momento presente y no en las herramientas que tienes en las manos.

Tendrás destellos de la mente clara una vez que hayas dominado la habilidad de pensar libre de tu historia y tu presente. La mayoría de las veces, sin embargo, estos serán borrados por tu corriente de conciencia. Se trata de conceptos sobre los que no tienes control, que no juntas, pero que surgen como ideas parciales o completas en tu mente. Puedes estar pensando en la habitación en la que estás, o puedes estar pensando en tu pareja. No se trata de tus deseos genuinos, sino de una mezcla de todos tus pensamientos cuando pasan por tu mente. Aunque la corriente de conciencia no es tu objetivo final, lo más probable es que sea el estado meditativo en el que pases más tiempo.

Tus puntos de iluminación son los destellos de claridad que ves. Debes sentirte como si te alejaras del espacio en el que estás. Se necesita demasiado esfuerzo para considerar tu pasado o tu futuro cuando el presente lo consume todo. Simplemente dejas que las sensaciones del presente entren en tu mente.

Se necesitarán algunos meses para alcanzar adecuadamente este estado meditativo. Recomiendo que tus sesiones típicas duren entre veinte minutos y una hora. No te preocupes por el tiempo exacto porque no recomiendo usar un temporizador o una alarma mientras meditas. Es un proceso complejo para empezar, y tus primeras sesiones pueden ser tan cortas como diez minutos. Te ruego que perseveres en la meditación, ya que los beneficios no se hacen patentes hasta que hayas completado varias sesiones.

Algunas sugerencias para empezar incluyen meditar sólo por la noche y utilizar una grabación de audio de la naturaleza si eres nuevo en la meditación. Utilizar una grabación de audio va en contra del principio budista Soto de no utilizar ayudas, pero he descubierto que para muchos novatos es justo lo que necesitan para superar sus primeras sesiones de meditación.

Esto es especialmente útil si estás practicando en un área ruidosa y quieres llegar a un punto en el que puedas alcanzar un estado meditativo "claro" sin usar ninguna ayuda. Cuando se trata de meditar por la noche, querrás hacerlo porque tu primer reto será dejar de pensar en el futuro. Naturalmente, una vez terminada la jornada, te esforzarás menos en reflexionar sobre las actividades del día siguiente. Tu cerebro también estará un poco cansado, lo que lo hará más flexible para la meditación.

La meditación tiene varias ventajas, pero me centraré en la salud y la practicidad. La meditación puede ayudarte a conseguir una mente clara, lo que puede reducir significativamente tus niveles generales de estrés. Es excelente para poner las cosas en perspectiva en tu vida. Esto significa que los asuntos que antes creías importantes ahora lo son mucho menos.

No habrás pensado en ellos de una manera fundamentalmente diferente, pero tu mente estará lo suficientemente despejada como para que tu cuerpo no reaccione de la misma manera que induce al estrés. La meditación puede utilizarse para obtener una mayor comprensión de cualquier asunto o problema a nivel práctico. Puedes liberar a tu cerebro de pensar en los desafíos actuales que estás enfrentando al relajar tu mente y permitir una corriente de conciencia.

Esto permite no sólo reducir las preocupaciones, sino también un pensamiento más excelente para la resolución de problemas. Abordarás los problemas desde una perspectiva nueva, lo que te permitirá encontrar soluciones que no habías considerado antes. Esto ha sido una influencia significativa en mi interés por el budismo y la meditación en general. Me ha permitido mirar mis problemas desde una nueva perspectiva y ponerlos bajo una nueva luz.

Esto puede parecer un rasgo negativo, pero permite nuevas formas de pensar sobre los problemas en el trabajo o en casa. Puede que esto no dé lugar a soluciones definitivas para un asunto, pero te ayudará a pensar en las cosas de una manera menos dolorosa y que te provoque estrés.

Cuando empecé a meditar, recurrí al budismo para que me ayudara a pensar en mi supervisor y gerente bajo una nueva luz. Lo que normalmente provocaría animosidad, provocó pensamientos de compasión y comprensión. Aunque no hay una línea clara de cómo la meditación influyó en mi forma de pensar sobre mis superiores, la apertura de mi mente me ayudó a comprender mejor sus necesidades.

Me permitió tener una mejor experiencia cotidiana con ellos y me ayudó a comprender la compasión por personas con las que me habría sido mucho más difícil empatizar.

Capítulo 5:

El Monasterio y Soto.

5.1 Introducción.

El budismo Soto se practica en todo el mundo como una institución. Cada país cuenta con varios monasterios, la mayoría de los cuales se encuentran en Japón. Cada monasterio tiene un objetivo similar en la educación y la práctica de zazen, aunque a algunos templos se les otorga un estatus particular. Las principales funciones de estos templos se dividen en dos categorías: propósito principal y relevancia histórica. Se dividen en los cuatro grupos siguientes:

- *Hozan*, principales monasterios, en particular Eihei-ji y Sji-ji.

- ***Kakuchi***, monasterios de formación donde al menos una vez al año se celebra un ango (retiro de noventa días).
- ***Hōchi***, templos del Dharma.
- ***Jun hōchi***, templos ordinarios.

Lo más probable es que un Jun hochi se encuentre en Estados Unidos, ya que se trata de templos sencillos. En ellos se practica regularmente la repetición de sutra y la meditación. En Estados Unidos, tienen la misma categoría legal que las iglesias o los templos, pero rara vez se consideran como tales en el budismo. Con frecuencia, un Jun hochi no es un lugar para reunirse con otros budistas, meditar o practicar zazen, sino un lugar para reunirse con otros budistas y meditar y practicar zazen.

Los templos Hochi tienen un propósito similar al de los templos Jun hochi, pero también ofrecen lecciones sobre los fundamentos del budismo. Se pueden encontrar varios de estos templos en los Estados Unidos. En ellos no se imparten las principales lecciones de budismo, pero se responde a las preguntas fundamentales y es donde la mayoría de los novatos comienzan.

Los monasterios de enseñanza se conocen como Kakuchi. Son los monasterios que probablemente conozca por la cultura popular o los libros históricos. Son templos para los religiosos y los que quieren sumergirse en los estudios budistas. Noventa días es la duración media de la estancia en un templo Kakuchi. Durante esta fase, el estudiante se dedica al estudio serio, dedicando cada hora a la lectura de las escrituras o a la práctica de la meditación.

Los Hozan, por último pero no menos importante, son los templos principales. Estos son en realidad un poco controvertidos, y algunos budistas Soto Zen no los distinguen en absoluto de los Hochi. Son templos que han sido elevados en importancia debido a la presencia de Dogen o Kaizan. Debido a la guerra con las regiones adyacentes, los monjes se vieron obligados a trasladarse a estos monasterios. Tienen un estatus particular en Japón y son un destino turístico popular para muchos budistas de todo el mundo. Los devotos suelen ser conscientes de su valor, pero se niegan a reconocerlo en el contexto del budismo en su conjunto.

No existe una distinción oficial entre un templo Hozan y un templo Kakuchi o Hochi. Por lo tanto, esto es válido. De hecho, al ser destinos turísticos, rara vez son como Kakuchi porque la formación y las lecciones son difíciles de aplicar.

5.2 El día a día del monasterio.

Los dharanis y los sutras son los textos más importantes del budismo Soto. En los monasterios Soto, estos textos se cantan durante los servicios diarios. La mediación con Shikantaza es un servicio que se ofrece a las personas que desean aprender y es común en los monasterios. En este tipo de mediación no se permite la utilización de objetos para mejorar o promover un estado meditativo.

El capítulo tres es un camino paso a paso para alcanzar este nivel de meditación, aunque los profesionales instruyen a los estudiantes en monasterios de todo el mundo. La mayor parte de la enseñanza de esta meditación sigue basándose en las descripciones de Dogen sobre el zazen. Esta técnica no se ha modificado en casi 700 años, y sus pensamientos se siguen enseñando a los practicantes de todo el mundo a través de la traducción.

Si hay un monasterio Soto Zen cerca de usted, debería sentirse invitado a visitarlo. En los Estados Unidos, suelen encontrarse en la región de California, pero también se pueden encontrar junto a partes de la costa este. Cada monasterio es cálido y acogedor, y es un lugar estupendo para aprender sobre el Soto Zen. Si alguna vez tiene la oportunidad de viajar a Japón, le aconsejo encarecidamente que visite los monasterios de la zona. Son refugios seguros en un país que ha crecido tan rápidamente en los últimos sesenta años. La visión de un hermoso monasterio rodeado de una ciudad hiperavanzada, sobre todo en Tokio, es extremadamente extraña. Hace mucho para establecer la importancia del budismo en la sociedad japonesa y cómo ha beneficiado al país a lo largo de los siglos. Ha permanecido en su mayor parte sin cambios, aunque el mundo que lo rodea se ha alterado drásticamente.

5.3 Autoridad Soto de Japón.

Una organización central en Tokio supervisa el Soto Zen. Minato-ku, la sede central, promueve la comprensión del budismo Soto y sirve como recurso para los monasterios que operan en Japón. La Soto-shu se gobierna democráticamente, con un presidente elegido en Japón. Este líder desempeña muchas de las mismas funciones que el presidente de los Estados Unidos. Su autoridad es limitada, y nombra un gabinete que le ayuda a dirigir las operaciones diarias de la institución. En general, el Soto-shu sirve principalmente como una figura simbólica. Técnicamente controlan el Hozan, uno de los dos grandes templos de Japón. La Soto-shu no está a cargo de las operaciones diarias de los templos, y no ha participado en la toma de decisiones clave durante décadas. Es poco probable que la Soto-shu tenga alguna influencia en la forma en que se practica el Soto Zen en todo el mundo, ya que el budismo Zen se homogeneizó antes de que se fundara esta organización.

Consideraciones finales.

Mi búsqueda del budismo me llevó muchos años, y espero haber podido compartir con usted algunos de mis conocimientos sobre el Soto Zen. El objetivo de este libro es educar más que convertir. Espero haber podido satisfacer sus necesidades, tanto si está investigando los inicios del Soto Zen, como si está interesado en el budismo, o simplemente quiere aprender más sobre la historia religiosa de Japón.

Si lees este libro para practicar el Soto Zen, espero que hayas comprendido la rica historia, las creencias y las raíces del Soto, así como el importante papel que desempeña Buda en la enseñanza religiosa del Soto Zen.

El siguiente paso es aprender más sobre las escrituras principales del budismo, como sus mantras y sutras. También se puede progresar simplemente iniciando la meditación zazen. El tercer capítulo es básicamente una visión general de este estilo de meditación. Debería llevarte a través de los fundamentos de la meditación y ayudarte a darte cuenta de las muchas ventajas de tener una mente limpia. Para mejorar tu práctica, intenta permanecer en un estado de claridad durante periodos cada vez más largos. La meditación a través de zazen es similar a montar en bicicleta en el sentido de que sólo se puede mejorar con la práctica, y una vez que hayas dominado los fundamentos, la base permanecerá contigo para el resto de tu vida.

Le recomiendo que vaya a uno de los varios Jun hochi que hay. Si sólo está interesado en aprender sobre el budismo con fines de investigación, no permita que eso le impida admirar la belleza de los monasterios más básicos. También tendrá la oportunidad de reunirse con los practicantes de Soto Zen en estos lugares, que le proporcionarán importante información histórica e instrucciones sobre cómo practicar zazen. Si vive en un lugar en el que no hay un Jun hochi disponible, pero aún así quiere practicar o aprender más sobre el Soto Zen, consulte en línea las reuniones de su zona.

La mayoría de los practicantes del Soto Zen practican en sus propios hogares. Normalmente, una comunidad local puede reunirse en la casa de una persona y convertir el lugar en un pequeño monasterio Zen. Los miembros de la comunidad son bienvenidos a practicar zazen aquí. Existen numerosas formas de participar en la comunidad Soto Zen, independientemente del lugar donde se viva.

Conclusión.

Muchas gracias por adquirir este libro; espero que haya reunido toda la información que necesita para iniciar su viaje personal hacia el conocimiento de las dos principales escuelas budistas de Japón.

Si tu objetivo es alcanzar la iluminación budista a través de los caminos de las escuelas budistas de Japón, te animo a que busques los muchos otros Sutras haciendo una investigación específica en Internet. Si quieres aprender más, te animo a leer los otros escritos que puedes encontrar en mi página de autor en Amazon. Por último, si te ha gustado este libro, me gustaría pedirte que me hagas un favor y dejes una reseña en Amazon - ¡sería muy útil para difundir mis escritos!

Gracias por su tiempo y consideración, y mis mejores deseos en su viaje espiritual.

Daisuke Tanaka